카카오톡은 어떻게 공동체가 되었는가?

조연정 · 강정한

다산출판사

머리말

  인터넷이 활성화되고 웹사이트들이 생기던 초창기, 대부분의 사람들은 인터넷을 우리가 자유롭게 항해하며 탐험할 수 있는 정보의 바다라고 생각했다. 정보화혁명으로 인한 사회변동과 파급효과가 주목받아 온 것에 비해 인터넷이 소셜 미디어 혹은 소셜 네트워킹 서비스SNS를 통한 관계맺기의 공간으로 부상된 것은 비교적 최근의 일이다. 실상 관계맺기의 장으로 진화한 인터넷 공간은 바다라기보다는 거대한 연결망의 대륙이나 섬들로 이루어진 육지와 같다. 우리는 생각보다 고정된 길을 따라 관계망을 탐험하며, 개별 섬이나 대륙은 고유한 특징을 갖고 있는 지역사회와 유사하다. 그러나 빠른 지각변동에 따른 대륙과 섬의 급격한 생성, 소멸은 온라인을 통해 형성되는 사회의 정체가 무엇인지 의아하게 만든다. 바꿔 말하면 인터넷 소통을 통한 사람들의 모임이 과연 공동체라 할 수 있는지 묻게 만든다. 일부는 이러한 가상공간의 등장은 공동체를 약화시킬거라 주장하는 반면, 일부는 성격이 달라질 뿐 공동체는 변함없다고 전망한다.

  그런데 이처럼 온라인 SNS가 공동체에 미치는 영향을 충분히 알아보기도 전에 우리는 또다시 급격한 관계맺기 방식의 변화를 맞이했다. 바로 스마트폰의 출현과 이를 기반으로 하는 소통 플랫폼, 카카오톡의 출현이다. 인터넷을 이용한 카카오톡의 무료 문자 서비스는 핸드폰 문자 메시지를 급격히 대체했다. 그러나 이러한 기능만으로는 우리의 관계맺기 방식과 공동체의 성격에 대해 질문을 던지기는 부족했었을 것이다. 카카오톡은 개인 간의 소통뿐 아니라 그룹채팅이나 카카오 스토리 등의 기능을 통해 다대다 소통을 주로 하는 소셜 미디어의 위치까지 올랐다. 평소 인터넷을 하지 않는 사람도 자발적으로 혹은 필요에 의해 카카오톡으로 소셜 네트워킹을 한다. 카카오톡을 통한 집단소통은 다른 어떤 소셜 미디어보다 즉각적이고, 사적이고 친밀한 영역까지 확장한 듯 보이며 기존의 온라인 소셜 미디어보다 더욱 가깝고 수다스런 공동체를 형성하게 하는 것으로 보인다. 무엇보다 SNS열풍으로 부상한 다른 어떤 플랫폼보다 사용자의 실제 사적 · 공적 인간관계를 기반으로 한 공동체를 형성하는 데 유용한 역할을 한다. 그렇다면 카카오톡은 인터넷 소셜 네트워킹으로 약화된다고 전망했던 공동체를 다시 강화시키는가? 아니면 우리는 또다시 새로운 공동체를 경험하고 있는가? 분명한 점은 카카오톡을 통한 소통은 여타 인터넷을 기반으로 하는 SNS의 소통과는 다르다는 점이다.

 이 책은 이러한 질문에 답하고자 진행한 탐구의 결과물이며 저자 중 한 명의 석사학위 논문을 보완하여 출판하는 것이다. 소위 빅데이터big data 분석이 활발히 진행되는 현재, 카카오톡은 빅데이터 분석의 사각지대에 놓여 있고 사실 우리는 카카오톡으로 형성되는 세상에 대해 잘 모른다. 카카오톡은 우리나라 모바일 시장에서 점유율 92%로 1위를 차지하고 있음에도 1:1 채팅이나 그룹채팅은 물론이고 카카오 스토리에 올린 게시물도 빅데이터 분석이 가능하지 않다. 이러한 환경 속에서 카카오톡을 통해 오고가는 대화, 그러한 결과로 이루어지는 관계망의 특성을 분석한다는 것은 쉽지 않다.

 이 책은 다양한 배경의 스마트폰 사용자 50명의 카카오톡 사용방식을 심층 인터뷰하고, 그들의 스마트폰 주소록과 활동 내역을 추출하고, 카카오톡 대화내용을 캡처하기도 하면서 카카오톡을 통해 형성되는 관계맺기와 공동체의 특성을 파악하고자 하였다. 따라서 인터뷰에 흔쾌히 응해 주고 핸드폰 내부의 정보 추출을 허락해 주고, 때에 따라서는 카카오톡 대화내용도 보여준 50명의 도움이 없었다면 불가능한 탐구였다. 머리말을 빌려 인터뷰에 협조해 주신 모든 분들께 진심으로 감사드린다. 한편, 이렇게 얻은 소중한 자료를 이 책에서 소개하는 과정에서 인터뷰 대상자들의 사생활이 혹시라도 노출되지 않게 최대한 주의를 기울여야 함은 물론이다. 저자들은 필요한 경우 대상자들에게 개별 연락하여 출판 내용을 확인받아 협조해 주신 분들에게 누가되지 않으려 노력하였다.

이 책에 관심이 있는 독자들은 아마 대부분 카카오톡 사용 경험이 있고 스스로가 카카오톡을 통해 맺고 유지하는 관계들의 성격이 어떤 것인지 궁금한 사람들일 것이라 생각한다. 그러나 카카오톡 사용 경험이 없거나 카카오톡에 대해 잘 모르는 독자들을 위해 카카오톡에 대해 소개하는 부록도 실었다. "한국사회의 모바일 메신저 카카오톡 이용과 그 맥락"이라는 제목으로 첨부된 부록은 카카오톡에 대한 소개뿐 아니라 이 책의 주요 논지도 간단히 소개하고 있기 때문에, 본문을 읽기 전에 읽어보면 모든 독자들에게 도움이 될 것이다. 카카오톡 이용 실태, 새로운 모바일 플랫폼으로서의 카카오톡, 카카오톡에 나타난 이차적 구술성의 특징 및 카카오톡 사용으로 인한 피로감을 주 내용으로 담고 있다.

저자들은 카카오톡이 과연 공동체를 형성하는가 알아보는 탐구를 하면서 의사소통 공동체의 가장 큰 특징을 무엇으로 보아야 하는지 고민하게 되었다. 학술적 논의를 검토하고 재해석한 결과, '의사소통의 즉시성과 구술성을 바탕으로 공동체 구성원이 공유하는 상호주관성'이라는 것을 가장 큰 특징으로 파악하게 되었고, 이를 바탕으로 탐구를 계속하였다. 그 결과 카카오톡은 구성원 간 매우 강한 상호주관성을 형성할 수 있는 장을 마련해 줌을 발견하였고, 더욱 흥미로운 점은 한 개인이 카카오톡상에서 다양한 정도와 성격의 상호주관성을 갖는 여러 공동체에서 동시에 활동하곤 한다는 점이다. 인터넷 기반 소셜 미디어들이 관계맺기의 경계를 크게 확장시켰다면, 카카오톡은 우리가 가상 플랫폼상에서 경험할 수 있는 공동체의 다양성을 극대화시킨 것으로 보인다.

그렇다면 카카오톡이라는 하나의 플랫폼상에서 다양한 성격의 소속 집단들을 종횡무진 오간다는 것은 우리의 삶에 어떤 영향을 미치는가? 이러한 활동을 통해 우리는 어떠한 종류의 사회적 이득과 부담, 그리고 정체성을 얻게 되는가? 이 책은 아직 이러한 질문에 답하고 있지 않다. 이 질문은 이 책을 통해 카카오톡은 공동체를 이루는가라는 질문에 대한 대답을 탐색한 후 맞이하게 된 새로운 질문이며 다음 탐구의 주제가 될 것이다. 즉, 이 책이 카카오톡을 공동체의 시각에서 탐구했다면, 새로운 질문에 대한 탐구는 카카오톡을 혹은 카카오톡의 대안으로 등장할 소셜 플랫폼을 정체성의 시각에서 하는 탐구가 될 것이다.

이 책의 저자들은 사회학자이며, 공동체와 정체성은 한국 사회학에서 가장 중요한 키워드이기도 했다이재민·강정한, 2011. 카카오톡에 대한 저자들의 질문이 근본적으로 공동체 및 정체성과 연결된다는 점은 저자들이 사회학자임을 드러내기도 하지만, 카카오톡이 우리에게 가져다준 의미와 충격을 이해하는 과정은 필연적으로 사회학적 탐구과정을 수반하기 때문이라고 저자들은 생각한다. 저자들이 본 연구를 진행하는 동안 카카오톡은 확고한 소통수단으로 자리 잡았으며 가까운 미래에 그 지위가 흔들릴 것처럼 보이지 않았다. 그러나 이 책을 탈고할 무렵에는 카카오톡 회사 측이 정부의 요청에 따라 사용자의 카카오톡 대화내용을 넘긴 일이 문제가 되면서, 많은 사용자들이 텔레그램Telegram이라는 무국적 메신저로 상당수 이탈하는 일이 발생했다. 저자들은 가까운 미래에 카카오톡의 영향력이 얼마나, 어떻게 지속될지, 혹은 텔레그램을 비롯한 새로운 소셜 플랫폼이 등장해 우리를 얼마나 놀라게 할지 정확히 예측하지 못한다. 그러나 어떤 미래가 도래하건 공동체와 정체성은 그 미래를 들여다보는 렌즈가 될 것이라 생각한다.

이 책을 위한 자료수집 활동은 프랑스 시앙스포 대학의 미디어랩에서 휴대폰을 주제로 2년간 진행한 7개국 국제프로젝트 '아비텔Habitèle. Wearable Digital Identity: the French ANR and CEE/médialab at Sciences Po Paris, 2012-2014'을 통해 진행되었다. 좋은 국제비교 연구에 참여할 수 있도록 힘써 주시고 자료수집과 집필에 도움과 조언을 아끼지 않으신 김용학 교수님연세대 사회학, 박근영 박사님연세대 사회과학연구소께 깊은 감사의 말씀을 드린다. 더불어 자료수집 계획, 인터뷰, 코딩 등 모든 과정에서 도움을 준 임정재, 김두리, 김영진, 이선형을 비롯한 '네트워크 시대의 국가와 시민사회' SSK 연구단의 구성원 여러분들과 연구단을 이끌어주신 조화순 교수님연세대 정치외교학, 그림 디자인을 맡아 준 조성원 디자이너, 연구진행에 개인적인 도움을 아끼지 않았던 은실, 조사과정에서 큰 도움을 주었던 익명의 모든 연구 참여자 분들께 감사드린다. 마지막으로 이 저서는 2013년도 정부재원교육부 인문사회연구역량강화사업비으로 한국연구재단의 지원을 받아 연구되었음NRF-2013S1A3A2055285을 밝힌다.

2015년 1월 20일
저자 조연정 · 강정한

차 례

부록

제1장

공동체 개념과
상호작용 공간의 확대

1. 개요 : 모바일 공동체의 특성

우리는 과거의 공동체사회에 비교하여 사회참여와 유대가 감소한 사회에 살고 있는 것일까? 바우만은 과거의 단단했던 질서가 녹아 없어지면서 개인들의 정체성만 남게 되었고, 현대의 공동체란 과거의 공동체에 비해 유대가 약하고 그 지속성이 짧은 '짐 보관소로서의 공동체'에 비견될 수 있다고 이야기한 바 있다Bauman, 2000. 그러나 이는 과거에서 현대사회로 넘어오면서 개인의 생활방식이 변화하고, 공동체가 형성되는 사회적 · 기술적 기반 등이 변화하면서 공동체의 성질과 구성 방식이 과거와는 차이를 보이는 것으로 이해할 필요가 있다.

과거의 공동체에 대한 논의를 살펴보면 공동체란 물리적 거리가 가까운 사람들을 중심으로 공동가치를 공유하며 소속감을 가지는 집단으로 볼 수 있다. 퇴니에스Tönnies는 과거의 공동체 개념인 게마인샤프트Gemeinschaft가 친밀성, 공감, 신뢰 그리고 공동가치를 특징으로 하는 유기적, 호혜적 사회임을 강조하였고Tönnies, 1887, 이러한 퇴니에스의 과거 공동체에 대한 정의는 사회학에서의 전통적인 공동체 개념의 전형이다.

산업화와 도시화로 공동체 구성원 간 물리적 거리가 증가하고 도덕체계의 위상이 약화되면서 현대사회의 공동체는 결속의 형태가 과거에 비해 복잡해지고 개인들의 특성이 더욱 중요해졌으며, 공동체의 구성원들은 공동가치의 공유보다는 공동의 관심사와 이해관계를 통해 소속감을 가지게 되었다. 전통적인 의미의 공동체가 붕괴되고 가족의 해체, 1인 가구화 등이 진행되며 개인들은 더욱 소외될 수밖에 없는 듯하다. 그러나 이렇게 공동의 규범과 가치가 약화된 사회에서 개인들은 과거와는 다른 소통 방식으로 공동체를 형성하고 소속감을 갖고자 노력한다. 뒤르켐은 과거에서 현대로 오면서 사회적 연대의 형태가 기계적 연대에서 유기적 연대로 변화하여 전통적인 형태의 결속이 약화되었으나 사회성원은 여전히 공식적인 소속을 지향하며 다양성과 개성을 나타낸다고 설명한 바 있다Durkheim, 1893. 현대사회에서는 가족, 혈연집단, 지연관계뿐 아니라 일, 여가, 사회활동, 이익공동체 등의 다양한 관계에서의 동시다발적인 역할 수행과 상호작용이 중요해졌고, 인류의 발명품들은 이러한 인간의 필요와 욕구를 만족시켜 왔다.

　현대사회의 삶의 방식이 복잡해졌지만 기술·매체의 등장으로 시공간의 제약을 받지 않는 의사소통이 가능해지고 이를 기반으로 한 공동체구성도 쉬워졌다. 과거에서 현재에 이르기까지 공동체의 성격 변화는 시기별로 발달된 매체와 그 이용과 맥을 같이하고 있다. 매체가 발달하기 이전에는 면대면 관계가 일반적인 소통과 관계맺기의 방식이었다면, 현대에는 면대면 관계뿐 아니라 온라인에서 모바일에 이르기까지 더욱 편리하고 효율적인 매체를 통해 다양한 사회적 관계의 유지와 확장이 가능하다. 활자와 인쇄매체의 보급이 인류역사 발전에 통시적·공시적 차원의 기여를 했음에도 면대면 관계를 기반으로 한 기본적인 의사소통 방식과 상호작용을 크게 바꾸지는 못했던 반면, 전화와 인터넷 기반 매체 사용은 향상된 전달 속도만큼이나 더 빠르게 인간관계의 상호작용과 실체적 공동체의 형성을 현실처럼 가능하게 했다. 현재는 기술의 진화로 전화에 인터넷 기능이 더해진 스마트폰이 빠른 속도로 보급되어 주 사용 ICT정보통신기술: Information & Communication Technology로 자리 잡아 가고 있다. 특히 국내 스마트폰 애플리케이션인 카카오톡 열풍은 페이스북과 트위터와는 달리 익명관계 중심이 아닌 오프라인에서 면대면 기반의 사회적 관계를 맺는 사람들을 중심으로 이용한다는 점, SNS가상 연결망 서비스:

Social Networking Service에 비해 상대적으로 소규모의 그룹과 공유한다는 점에서 오히려 피상성이 낮고 친밀성과 결집이 향상된 공동체의 등장을 기대하게 한다.

본 연구를 통해 구체적인 논의를 진행하기 위해 매체의 등장과 발달 이후 매개된 소통을 통해 형성 및 유지되는 공동체를 구분하여 보았다. 매체발달 이전의 면대면 관계, 매체발달 이후의 온라인과 모바일을 통한 관계 총 3가지 유형의 공동체로 구분하였다. [그림 1-1]은 이와 같은 매체에 따른 공동체의 등장과 시기를 도표로 정리해 본 것이다. 면대면 공동체는 지역적 공동 기반을 가진 구성원들이 문자 그대로 대면관계에서 의사소통하며 구성되는 공동체를 의미한다. 온라인 공동체와 모바일 공동체는 모두 미디어를 이용해 가상공간에 접속하고 결집하게 되는 공동체를 의미한다. 온라인 공동체가 컴퓨터를 이용한 접속을 의미하는 반면, 모바일 공동체는 휴대폰의 보급과 함께 시작되어 현시대 스마트폰의 보급 확산으로 형성이 가속화되고 있다고 볼 수 있다. 모바일 공동체에서의 모바일mobile이란 중의적 의미를 갖는데, 이는 이용자의 물리적 유동성을 의미하면서 동시에 관계의 조정에 유연성을 갖는 것을 의미한다.

이러한 분류에서 중요한 점은 모바일 공동체의 경우 면대면 공동체에서 온라인 공동체로 넘어오면서 생긴 가상공동체의 특성이 단순히 심화되었다고 보기는 힘들다는 점이다. 온라인 공동체는 면대면 공동체에 비해 확실히 물리적 공간의 경계를 확장시킨 반면 관계의 친밀성이나 구속성이 반드시 강화되었다고 보기는 어려울 수 있다. 그러나 모바일 공동체는 앞서 언급한 카카오톡의 특성에서도 드러나듯이, 이미 알고 있는 지인들과 좀 더 친밀하고 소규모인 관계를 형성하는 경향을 보인다. 현재 활발히 형성되고 있는 모바일 공동체는 모바일을 통해 기존의 관계가 유지되거나 공동체로서의 소속감이 더욱 강화되는 경우의 집단을 의미할 수도 있다.

커뮤니케이션 매체 변화에 따른 공동체 변화

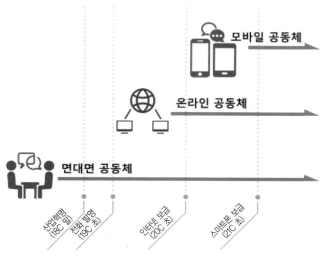

그렇다면 기존의 공동체의 구성이 변화하면서 새롭게 부상하여 확대되고 있는 모바일 공동체는 면대면 관계나 온라인을 통해 구성된 공동체와 구체적으로 어떠한 차이점을 보일까? 이에 대한 대답은 본 연구를 통해 밝혀야 할 결과를 포함하고 있는데, 이를 미리 정리하면 [그림 1-2]와 같다. [그림 1-2]를 살펴보면 면대면, 온라인, 모바일 공동체의 경우 모두 구성원 간에는 마치 객관적 실체처럼 공유하는 주관적 맥락, 즉 상호주관성을 공통적인 특징으로 하고 있지만 다음과 같은 주목할 만한 차이점을 나타낸다.

면대면 공동체는 공동의 가치와 의식을 공유하는 구성원들이 대면관계에서 여러 가지 주제를 논의하면서 관계를 맺고 발전시킨다. 이들의 소속감은 혈연·지연관계를 기반으로 구성원들의 상호주관성이 강화되면서 형성된다. 거리제한이 적어 지속적인 의사소통이 가능해져 공동지역 기반의 공동체가 형성된다. 직접 대화 상대와 즉각적인 메시지 교환과 반응 형성이 가능하기 때문에 강한 상호주관성 형성이 가능하다. 반면, 온라인 공동체의 경우 인터넷을 이용하여 익명의 화자가 다수의 독자에게 글로 메시지를 전달하여 의사소통을 시도하고, 공통의 관심사를 가진 독자들이 호응을 보이며 공동체 간 상호주관성이 형성된다. 면대면 관계와 달리 문자와 기술매체를 매개로 한 소통방식으로 인해 즉각적인 의사전달 및 반응, 피드백의 속도에 제한이 따르고, 문자사용으로 의사전달이 형식화·격식화될 우려가 있다. 또한, 비언어적인 요소 파악에 한계가 있는 등 제한이 따른다. 그러나 온라인 매체이용이 일상화되면서 인터넷에서 사용되는 언어의 성격이 구어적 특징을 일부 포함하게 되었다.

온라인과 모바일 공동체는 기존의 면대면 공동체와 달리 집단의 공통된 가치보다는 개개인의 공통 관심사나 이해관계를 기반으로 한 구성이 많다. 또한 두 매체의 경우 모바일의 음성통화를 배제하였을 경우 문자로 소통한다는 점에서 면대면 관계와 큰 차이를 보였다. 여기서 사용되는 문자는 글이라기보다는 사실상 구술성이 혼재하여 입말에 가까운 '이차적 구술성'의 특징을 가진다고 볼 수 있다.

반면 모바일의 경우는 온라인을 통한 소통보다도 더 빠르고 즉각적인 소통이 가능하다는 점에서 면대면 소통방식과 닮아 있다. 즉, 모바일에서 일대일 문자나 카카오톡 등을 통해 상대방과 주고받는 대화는 이메일이나 인터넷 기반 SNS인 페이스북이나 트위터를 통한 대화보다 더욱 즉각적인 반응이 가능해 얼굴을 맞대고 하는 대화에 좀 더 가깝다. 한편, 모바일 공동체는 면대면 공동체와 달리, 참여자가 실제 생활에서 중첩하여 속해 있는 다양한 사회세계 사이를 심지어 의도적으로 분리하여 참여하거나 관리하는 채널로 자리 잡고 있다. 카카오톡 사용자는 본인이 속한 다양한 대화창에 참여하기 위해 일괄적이지 않은 각각 걸맞은 방식으로 적용할 수 있다. 친밀집단과의 교류, 공적인 관계에서의 활동, 정기적인 안부 관리, 일시적인 연락 등 공동체의 목적에 따라, 소속감의 정도에 따라 모바일메신저 이용 목적을 구분하고 세분화된 상호작용이 가능해진다.

 공동체 변화 비교

위에서 논의한 3가지 의사소통 방법 중 그 어느 것의 우월성을 논하기는 어렵다. 다만, 생활방식이 복잡해지면서 이를 보완할 수 있는 소통

방식 혹은 더 선호되는 소통방식은 분명 존재하며, 현대에 와서는 이것이 매체를 통한 소통이 되고 있다.

매체를 통한 커뮤니케이션의 효용은 역사 속에서 끝없이 논란이 되어 왔다. 첫째로, 플라톤은 쓰기가 우리의 기억을 '망각' 시킬 것이라고 파이드로스에서 우려했지만Burnet, 1910, 오히려 문자와 양피지, 종이의 발명 이후 기록을 통해 인간은 확장된 기억의 시공간의 영역에서 살게 되었다. 문자의 발명, 기술과 매체의 발명은 시공간의 제약을 넘어선 소통을 가능하게 했다. 매개된 소통의 한계에 대한 우려를 완전히 부정할 수는 없지만, 개별화되고 단절된 관계를 맺고 살아가는 이 시대의 사람들에게 매개된 소통은 자신들의 인간관계와 사회적 세계를 유지시키고 관리하기 위한 중요한 수단이 된 것이 사실이다. 둘째로, 인쇄술의 보급으로 문맹률이 낮아졌듯 디지털 시대에 우리는 ICTs를 통해 디지털 문맹률의 감소를 체험하고, 다양하고 복합적인 연결채널을 통해 다양한 시청각 방식으로 소통하고 또 사람들과의 네트워크에 접속한다. 매체의 활용은 매체에 의한 고립이 아니라 매체가 등장하게 된 사회에서의 새로운 소통방식을 구성해 나가기 위한 출발점이 되고 있다.

특히 카카오톡 열풍은 결국 스마트폰이라는 신기기의 빠른 확산이라는 물리적인 변화와 개인주의로 인한 한국 공동체 문화 내에서의 새로운 소통의 수단의 필요라는 두 가지의 요소를 떼어놓고 이해하기 어렵다. 현대사회에서 개인은 소외되지 않고 주변과의 연관성을 찾으며, 고립되어 존재의 의미를 상실하지 않기 위해 부단히 노력해야 한다. 특히 공동체에 소속되어 사회적 상호작용을 통해 다른 사람과 자신의 행위를 이해하고, 행위에 의미를 부여하며, 이를 통해 공동체의 문화를 창출하고 재생산Geertz, 1975하는 데 참여하고자 할 경우 더욱 그러하다. 방송통신위의 2012년 조사에 따르면 '주변에서의 압력'이 스마트폰이나 태블릿 PC를 사용하게 된 가장 큰 이유인 것만 보아도, 카카오톡 이용은 한국 내의 강한 공동체 문화에서 소외되지 않고자 하는 한 방법임을 알 수 있다. 따라서 그렇게 형성된 카카오톡 공동체의 성격이 어떻게 기존 공동체와 다르게 변화하였으며 어떠한 방식으로 사람들에게 영향을 미치고 있는지를 살펴볼 필요가 있다.

2. 연구 질문 및 대상

현대사회가 정보화 사회로 이행하면서 유연성과 확장성을 특징으로 하는 새로운 소통 방식의 네트워크 사회가 출현하게 되었다Castells, 2009. 컴퓨터, 인터넷의 보급과 같은 커뮤니케이션 기술의 변화를 통해 면대면 관계를 통한 상호작용뿐 아니라 온라인이나 전화를 통한 원거리의 상호작용이 활성화되어 공동체의 의사소통 방법이 확장되었다.

그 결과 불규칙하고 다양한 삶의 패턴을 가지는 개인들이 이러한 인지적 연결에 모바일을 적극적으로 이용하고 있으며 카카오톡을 통한 가상대화의 사용이 두드러지게 나타나고 있다. 특히 국내 스마트폰 사용자 중 카카오톡 사용자는 압도적으로 높다.

인터넷의 보급 이후 온라인 공간이 새로운 공동체의 형태로 부상했으나 온라인 공동체의 경우 약한 연결 강도와 관계의 폭이 넓게 분포되는 경향을 보인다. 그렇다면 모바일을 통한 상호작용으로 구성되는 공동체의 경우는 어떠할까? 사회적 관계는 매개 수단의 변화와 더불어 더욱 약화된 공동체의 연결을 가져올까? 아니면 약화되었다기보다는 새로운 방식의 유대관계를 형성할까?

스마트폰 보급이 급속도로 진행된 것은 비교적 최근의 현상으로 SNS가 발달하면서 경영학 분야는 물론 좀 더 근본적인 사회과학적, 인문학적 관점에서 이러한 열기를 해석하고자 하는 움직임들이 나타나고 있다. 그러나 이러한 움직임들은 최근 SNS의 수익성이나 사회적·정치적 파급효과에 대해 주로 주목하는 반면, 모바일 미디어 사용이 사용자의 인간관계나 의사소통 측면에서 기존 관계나 소통과 어떤 차이점을 내포하는지를 설명하고자 하는 움직임은 부족해 보인다.

본 연구는 가상 공동체 이용의 주요 매체로 부상하고 있는 스마트폰 사용에 대해 주목하되 SNS가 아닌 일상에서 사용자가 속해 있는 다양한 관계 유지에 더 많이 이용되고 있는 카카오톡을 대상으로 실제 인간관계의 영역과 연결된 가상 공동체 영역을 다루고자 한다. 즉, SNS 서비스보다는 개인적 연락수단으로 많이 쓰여 실생활과 가장 밀접하게 관련되어 있는 모바일 인스턴트 메신저 '카카오톡' 사용을 중심으로 한다. 특히 국내 애플리케이션 사용 1위를 차지하고 있는 카카오톡이 새로운 모바일 플랫폼으로 자리 잡아 사람들의 일상에서 어떠한 방식으로 수용되고 있는지 살펴볼 것이다.

본 연구는 이와 같이 모바일 공간을 통해 형성된 공동체가 대면관계를 통한 소통에서는 멀어졌지만 새로운 방식의 소통방법과 채널을 모색하여 공동체의 성격을 나타내는지 알아보고자 한다. 모바일을 통한 소통이 단순히 다양한 디지털 기기를 유연하게 사용하는 현대사회의 단면에 그치지 않고, 사용자가 자신이 실제로 속해 있는 사회세계의 공동체에 소속되기 위한 노력임을 확인하고자 한다. 그리고 이렇게 형성된 공동체가 어떻게 세분화될 수 있는지도 함께 알아볼 것이다. 더불어 이와 관련하여 전통적 공동체에서 모바일 공동체, 더 넓게는 가상 공동체로 넘어가면서 공동체의 성격에 어떠한 근본적 변화가 있었는지 진단해 보려 한다.

이러한 목적의 연구를 진행하기 위해 해당 연구는 공동체 형성의 구분에 있어 '즉시성'과 '이차적 구술성'을 중요한 기준으로 제시할 것이다. 시공간의 제한을 극복하는 '즉시성'과, 구술성과 문자성의 특징을 함께 내포한 언어적 특징인 '이차적 구술성'이 친밀한 대화와 소통을 가능케 함으로써 궁극적으로는 공동체 내의 상호작용을 통한 상호주관성 성립이 가능해진다. 이를 통해 전통적 공동체와는 구분되는 새로운 형태의 공동체적 특징이 출현했음을 상술하고자 한다.

지금까지 1장에서는 연구의 배경과 연구목적을 서술하여 중심 주제를 밝혔다. 제2장에서는 학술 연구를 기반으로 해당 분야의 연구 흐름을 분석하고, 본 연구의 이론적 분석을 위한 핵심 개념인 공동체와 상호주관성 그리고 즉시성과 이차적 구술성에 대해 상술한다. 제3장에서는 연구주제 분석을 위한 분석틀과 연구방법을 소개한다. 제4장에서는 서론에서 밝힌 주제의 연구결과로서 카카오톡의 모바일 공동체로서의 전반적인 성격을 제시하고, 모바일 공동체가 어떻게 즉시성과 이차적 구술성을 갖추어 상호주관성이 강화되어 공동체로 정의되고 유형화될 수 있는지 분석 결과를 도출한다. 제5장에서는 연구결과를 정리하고 이에 대한 논의 및 연구의 한계점, 향후 가상소통의 전망 및 연구를 위한 대안 등을 제시하고자 한다. 한편, 부록은 두 부분으로 이루어져 있는데 부록 1은 연구참여자들의 카카오톡 및 기타 연락매체 이용에 관한 기술 분석 자료이며, 부록 2는 이 책의 본문에 대한 부분적 요약을 포함하여 카카오톡의 일반적 특징을 소개하는 글이다.

제**2**장

스마트폰과 공동체에 대한 학술적 접근

1. 휴대폰에 대한 인문사회과학적 시각들

휴대폰과 스마트폰 이용에 관한 학술적 연구는 광범위하게 진행되어
왔다. 우선 지금까지의 연구는 휴대폰 전반에 대한 연구가 주를 이루고
스마트폰에 대한 연구와 SNS 서비스에 대한 연구로 그 연구 폭이 점차
확대 내지는 세분화되어 가고 있는 추세이다. 링은 휴대전화 사용을 고
프만이나 콜린스, 뒤르켐의 '의례' 개념을 통해 해석한 바 있고Ling,
2004, 호스트의 경우 개발도상국가에서 유선전화보다 무선전화가 더 많
이 사용되고 있는 이유가 그들의 경제활동 참여와 관련이 있는지 인류
학적 관점에서 풀어나가고 있다Horst and Miller, 2006. 정치적 역학 측면에
서 나이지리아의 민주주의 형성에 휴대폰 이용이 어떤 위치를 차지하는
지 연구한 논문도 소개된 바 있다Obadare, 2006.

커뮤니케이션 매체의 이용을 인터넷 보급뿐 아니라 모바일 이용과
함께 디지털 디바이드, 즉 정보 불평등의 측면에서 분석하는 연구들도
진행되었다. 라이스와 카츠Rice and Katz, 2003의 커뮤니케이션 기술 이용
결정요소 연구를 보면, 인터넷과 모바일 미디어를 모두 사용하지 않는
경우, 하나 이상의 미디어를 사용하거나 모두 사용하는 경우에 비해 소
득 수준, 교육정도가 상대적으로 낮고, 연령도 40대 이상인 경향을 보였
다. 그러나 해당 연구는 2000년 초반의 연구결과로, 당시 미국 정부의
정보격차 해소 노력으로 인해 인터넷 사용이 늘어난 반면 모바일의 경
우는 상대적으로 보급이 덜 이루어져 사용자들의 특징이 다른 것으로
예측하고 있을 뿐 구체적인 결론에 도달하지는 못하였다.

모바일 인스턴트 메신저 사용은 새로운 기술의 도입으로 확산된 측
면이 있다. 그러나 이러한 현상을 온전히 기술발달만으로 설명하기는

어렵다. 링Ling, 2004의 논의를 참고하자면 기술 자체를 바라보는 다양한 시각이 존재한다. 크게 기술결정론적인 시각, 사회결정론적인 시각 그리고 기술기여적affordance 시각이 있다. 기술결정론적인 시각은 칼 마르크스가 맷돌이 봉건주의를, 증기기관이 산업혁명과 자본주의를 도래시켰음을 논했던 것과 같은 맥락으로, 시계가 근대적 인간을 만들었다는 관점Mumford, 1963, 미국의 디젤기관 도입Cottrells, 1945이나 호주의 철강steel 도입Sharp, 1952이 산업화를 활성화시켰다는 시각 등을 예로 들 수 있다. 사회결정론적인 시각에서 보자면 이러한 기술은 오히려 사용자에 의해 끊임없이 다양한 측면에서 재해석될 수 있고, 사회 맥락에 따른 다양한 효용이 있을 수 있다Bijker and Law, 1992; Ling, 2004 재인용. 기술기여적 입장은 이 둘의 단점을 보완하는 중간 입장으로, 물리적 변화를 우리가 어떻게 인지하고 해석하여 생활에 적용하는지 설명한다Gibsen, 1979; Norman, 1990.

라투어Latour의 행위자 네트워크 이론Actor Network Theory은 비교적 기술기여적 입장과 근접하다고 볼 수 있는데, 기술은 그 자체로 역할을 하지만 그것과 동맹을 맺는 인간의 사용에 따라 다른 결과를 가져올 수 있다고 설명한다Latour et al, 2010. 스마트폰으로 우리가 카카오톡 메신저를 어떻게 이용하고 있는지는 카카오톡 메신저 자체의 기능이 결정적인 영향을 주기도 하지만 이를 사용하는 사용자의 방식에 따라 다양하게 해석될 수 있다. 이를테면 스마트폰의 효용에 관한 연구와 중독에 관한 연구 역시 어떠한 시각으로 바라보느냐에 따라 그 해석이 달라질 수 있다. 본 연구는 기술결정론적 입장이나 수용자의 입장에서만 보는 것이 아닌 기여적 입장을 취하고자 한다.

2. 공동체 논의의 변화

사회학에서 전통적 공동체의 개념은 대부분 19세기에 대두되었다. 대표적으로 퇴니에스Tönnies는 과거의 공동체 개념인 게마인샤프트Gemeinschaft가 친밀성, 공감, 신뢰 그리고 공동가치를 특징으로 하며 이러한 과거 공동체의 가치들은 현대에 와서 이익사회로 전환되며 변질된다고 주장한다Tönnies, 1887. 뒤르켐도 사회적 연대의 구분을 통해 과거의 공동체가 구성원들이 공유하는 가치와 규범에 기초한 기계적 연대의 사회였으나 분업의 발달로 다양성과 이해관계 등으로 인해 유기적 연대를 기반으로 한 사회로 변화한다고 주장한다Durkheim, 1893. 1920~30년대 시카고학파는 생태학적 접근을 통해 도시화로 인해 이질성이 증가하면서 신뢰관계가 무너져 공동체가 상실되었다는, 지역적인 근접성physical proximity을 기반으로 한 공동체 개념을 논하였다Wirth, 1938; Hale, 1995; Kayahara, 2006.

현시대의 공동체 논의를 살펴보면 도시화와 계약 중심의 관계맺기로 인해 단순히 사회적 관계가 소원해지고 과거와 같이 결속력 있는 공동체가 약화되었다고만 보기는 어렵다. 클라우드 피셔Fischer, 2001는 사회적 연결이 감소한 것이 아니라 다른 형태로 변하였다고 주장한다. 사회적 관계가 약화되었다는 퍼트남의 주장은 사실 개인주의와 사사화privatism, 일의 압박, 여성의 사회참여 등으로 사람들의 교제sociability 방식이 변화한 것을 고려하지 않았다는 것이다. 이러한 논의의 중심에는 사람들의 소통을 용이하게 돕는 기술의 발전이 함께하고 있다. 열차, 전신, 자동차, 전화와 같은 기술의 도입으로 주변과의 정보공유나 정서적 지지가 쉬워졌을 뿐 아니라, 과거에 비해 밀도 있는 지역사회를 유지하기 어렵고 개인주의가 만연해 있음에도 퇴니에스의 게마인샤프트의 지역성locality이 통신기술을 통해 유지될 수 있다Kayahara, 2006.

개인주의의 만연이 공동체의 해체를 가져올 것이라는 우려가 존재하는 것은 사실이지만, 역으로 생각해 보면 그것이 약화되었다 하더라도 변화된 사회 질서를 기반으로 한 새로운 형태의 공동체의 출현을 기대해 볼 수 있다. 바우만은 무거운 것으로 상징되는 구질서가 녹아내린 것은 다시 무언가 배태되기 위한 필요조건이라고 설명한다. 즉 액체근대는 기존의 질서가 해체되면서 개인들이 해방을 통한 자유화를 겪고 새로운 공동체의 모습이 형성되어 가기 위한 과정으로 볼 수 있다. 전 지구적 경제 자유화, 그리고 해방과 자유화의 양면성 아래 더욱 불안정해진 개인들의 위치는 즉각적인 만족과 짧은 관계의 유지를 특징으로 사회적 관계를 형성한다. 바우만이 개념 정의한 현대사회의 공동체는 '짐보관소' 처럼 임시적이며, '카니발 공동체' 처럼 방조적인 입장에서의 느슨한 연결의 그룹으로 즉각적이고 오래 지속되지 않는 형태로 바뀌었다 Bauman, 2000. 그러나 이는 개인들의 삶이 변화하고, 관계를 이루는 속도가 점점 가속화되면서 피할 수 없는 부분으로, 우리는 현대의 공동체를 논의할 때 관계의 '임시성'과 '느슨한 연결'에 주목할 것이 아니라 기민하고 능숙한 대처를 통한 개인과 공동체 삶의 조율에 더 초점을 맞추어야 할 것이다.

3. 네트워크 시대의 공동체 논의

과거의 혈연이나 민족, 정치적 견해 등을 기반으로 한 견고한 공동체주의의 방식은 아니지만 '느슨한 네트워크'로서의 개인들 간의 연결이 분명히 존재하고 있다. 우리가 삶을 중재하고 조정하는 과정은 ICTs를 통해 이전보다 창의적인 방식으로 이루어지고, 이는 우리가 속한 공동체를 새로운 방식으로 유지하고 조정할 수 있게 한다. 더글라스Mary Douglas는 자신의 문화이론에서 개인주의 사회와 공동체주의의 위계적 hierarchy 사회를 구분한다. 그러나 여러 차례 수정되고 보안된 자신의 문화이론을 소개·정리하며 더글라스는 ICTs와 같은 새로운 소통의 방식이 이러한 구분에 예외를 가져올 수 있음을 보여준다Douglas, 2007. 유동화된 사회에 대한 통찰을 제시한 바우만도 사회학의 가장 중요한 임무로 "점점 더 개인화되어 가는 개인들이 처해 있는 여건이 바뀔 때마다 이를 다시 말로 표현하기 위해 지속적으로 노력을 기울이는 일"의 중요함을 강조한다Bauman, 2000.

이렇듯 변화된 질서 내에서의 공동체 구성은 무력화된 질서를 보완할 수 있는 방향으로 진행되고 있다. 전통적 소통 방식인 대면관계가 약화되었지만 매체를 이용한 가상 공동체 접속은 새로운 연결의 작동 방식이 될 수 있다. 인간관계의 장이 되는 가상 공동체에 대한 정의를 "가상공간 안에서 상호작용하는 집단의 사람들"Preece, Maloney-Krichmar and Abras, 2003; Androutsopoulos, 2006 재인용이라고 할 때 이들은 공통의 흥미 interest 또는 목적을 공유하며 정기적으로 상호작용하면서 이를 통해 사회적 역할, 위계와 공유된 규범을 발전시키고, 공통된 역사의 감각을 키워나간다Androutsopoulos, 2006. 헤링Herring은 이러한 가상 커뮤니티를 통해 구성원들이 사회성과 지지를 얻고 정체성을 확립한다고 주장한다 Herring, 2004.

실제로 매체를 통한 가상 세계에서의 소통은 온라인, 대면관계 그리고 전화에 이르기까지 다양한 채널을 통한 사회적 연결을 증가시킬 뿐만 아니라 지역 기반의 유대를 형성하고 강화시킨다. 넷빌Netville 실험을 보면 유선으로 연결된 거주자들이 그렇지 않은 거주자들에 비해 50% 이상 더 자주 왕래를 했으며, 이메일을 통한 지역 공동체와의 소통에 활발한 모습을 보여Hampton, 2001 ICTs의 사용이 지역 기반 공동체의 정체성과 유대를 강화시킨다는 주장Haythornthwaite and Kendall, 2010을 뒷받침해 준다. '도시화'와 '개인주의'가 변화된 사회적 연결을 집약하는 키워드라면, 매개된 소통 방식은 새로운 사회 현상으로서 관계의 회복과 새로운 관계의 양상을 모색하기 위한 주요한 개념으로 자리 잡았다.

웰먼은 소셜 네트워크 혁명, 인터넷 혁명, 모바일 혁명, 이 세 가지의 혁명triple revolution을 통해 '개인주의적individualized 네트워크'가 형성되어 우리 일상의 관계지형이 전통적 방식과는 다른, 개인화되어 있으면서 동시에 새로운 방식으로 공동체에 연결되었다고 강조한다. 웰먼의 3가지 혁명이 중요한 이유는 이러한 분류가 가상 공동체의 발전양상을 잘 설명하고 있으며, 가상 공동체가 본 논문의 핵심 개념인 모바일 공동체로 세분화되고 그 안에서 관계가 정교해지는 배경을 설명해 주기 때문이다. 따라서 각각의 혁명에 대해 좀 더 소개하려 한다.

소셜 네트워크 혁명은 개인주의적 네트워크에 있어 인터넷 혁명과 모바일 혁명에 선행하는 중요한 개념이다. 소셜 네트워크 혁명은 개인의 자치autonomy 욕구가 커짐과 동시에 이동성이 커지고 커뮤니케이션 기술이 발달하면서 사람들 간 연결 범위가 더 넓어지고, 다양한 사회적 관계가 분화되고 비공식화되면서 집단의 경계가 약화되었다는 특징을 갖는다. 이제 사회에서 개인 간의 관계는 개인 혼자이거나 그룹에 속한 것 둘 중의 하나가 아닌 네트워크에 속한 것으로 볼 수 있다Wang and

Wellman, 2010.

인터넷의 발달은 대면 접촉보다는 온라인을 통한 소통을 더 용이하게 했다. 특히 온라인을 통한 소통은 개인 간의 원거리 소통을 원활하게 하였는데 이는 온라인 공간이 거리를 극복하는 측면과 더불어 친밀한 언어의 사용을 통해 주변과 소통을 하는 데 긍정적인 역할을 함을 보여준다. 왕과 웰먼은 2002~2007년 미국의 성인25~74세을 대상으로 한 연구에서 인터넷 사용자들의 친구 규모가 전체적으로 오히려 더 늘어났음을 밝혔다. 이를 통해 주요 변수였던 개인의 인터넷 사용으로 인해 사람들의 인간관계가 단절된 것이 아니라 개인화된 네트워크로 변화하였다고 주장한다Wang and Wellman, 2010.

휴대전화의 경우 인터넷 사용을 일부분 대체하고 스마트폰 보급으로 사용이 쉬워진 SNS가 인기를 끌게 되면서, 잦은 빈도의 의사소통을 통한 사회성의 증가를 가져왔다. 유선전화에 비해 휴대가 간편하고, 전화와 문자뿐 아니라 인터넷 사용까지 가능해지면서 사용에 따라 '이동성에 의한 사용'으로 모바일 혁명을 구분지을 수 있게 되었다Raine and Wellman, 2012. 모바일을 매개로 한 소통이 늘어나면서 공간뿐 아니라 시간의 물리적 제약이 줄어들고, 실제 면대면 관계의 빈도를 늘리는 데 도움이 되었으며, 비대면적 관계를 통한 소통으로도 친밀성을 유지할 수 있게 되었다고 주장한다.

모바일 기기를 통한 유대관계의 형성 및 유지는 경험연구를 통해서 그 증거를 찾을 수 있다. 네트워크 이론가인 햄튼Keith Hampton은 퓨 인터넷 조사Pew Internet Survey를 통해 모바일 전화를 이용할 경우, 온라인으로 사진을 공유하는 경우, 인스턴트 메신저를 사용하는 경우 등, ICTs를 이용할 경우 개인 네트워크 규모가 평균보다 커졌음을 밝혀냈다. 또한 모바일을 이용하거나 직장에서 자주 인터넷을 사용하는 경우 혹은 블로그 활동을 하는 경우에는 지역의 자원봉사 활동 참여율이 높게 나타날 뿐 아니라, 인터넷 사용자들이 사람들을 만날 수 있는 다양한 장소에 더 많이 방문하는 것으로 나타났다. 즉 ICTs 사용이 고립감을 증가시킨다고 보기 어렵고, 오히려 커뮤니티 활동 참여율이 높아지는 경향마저 보인다고 주장한다Raine and Wellman, 2012.

ICTs를 통해 모바일 사용자 간 물리적 연결이 가능하다면 이것이 소속감의 형성으로 어떻게 이어질 수 있을까? 공동체의 구성원들은 멀리 떨어져 있지만 사고의 공유를 통해 인지적으로 결속된 형태를 유지할 수 있다. 사회적 연결과 집단화는 인지적 실체이다. 사람들은 구성원 간 인지적 관계에 의해 연대한다. 집단에 대한 동일한 이미지를 공유함으로써 타인과의 유대를 형성하고 강화하며 의례화된 "인지적 결합"을 확인하게 된다Chayko, 2008. 우리는 우리의 커뮤니티, 이러한 연결의 목적에 '상징성symbol'을 부여한다. 즉, 모바일 사용자들도 집단에 대한 유사한 이미지를 물리적으로 멀리 떨어진 구성원들과 공유하여 '소속감group-ness'을 형성한다. 일상적 대화가 공유를 통해 서로의 관계에 대한 역사로 남게 되며, 이러한 나눔의 행위가 공동 의식을 부여하여 관계를 더욱 특별하게 만들고 소속감을 통해 이를 계속 유지하게끔 할 수 있다.

앞서 논한 이론적 중심요소들은 이러한 일상화된 대화를 통해 개인들의 유대를 강화하고 공동체에서 역할을 조율해 나가는 데 중요한 역할을 한다. 물리적 거리를 초월하는 연결을 통해 대화를 나누는 사람들은 서로 강하게 결합되어 있거나 밀접하게 연결되어 있다고 느끼게 되고Chayko, 2008 면대면 대화와 같은 친밀성을 낳는다. 이러한 새로운 형태의 결속은 '대화'를 통해 형성될 수 있다. 세넷은 함께 살아가기 위한 방법으로 상대방의 말을 경청하기, 서로의 이해를 통한 중간지점을 찾는 변증법적 대화 혹은 소통을 위한 대화가 공동체를 이룰 수 있는 협력의 키워드라고 강조한다Sennett, 2012. 이 책은 변화해 가는 관계의 지형도의 중심에 있는 모바일을 통한 지속적인 커뮤니케이션에서 개인들이 어떻게 타인들과 함께 속해 있는 공동체의 이러한 의례에 참여하고 유대를 강화하며 사회적 관계를 유지하는지 살펴보려 한다.

4. 공동체의 필요조건 : 상호주관성

후설의 현상학에서 상호주관성inter-subjectivity은 타자 간의 상호작용에 의해 상호공감, 감정이입이 이루어지고 유대가 형성되는 것을 의미한다박인철, 2001. 또한 슈츠의 개념을 빌려 상호주관성을 정의한 노어 세티나와 브루거의 분석에 따르면 위와 같은 소통을 통해 나와 타자 사이에 상호주관성이 성립되면서 공동의 목표를 형성하고, 호혜적 관계를 유지하게 된다Knorr-Cetina and Bruegger, 2002.

상호주관성이 형성되기 위한 상호작용은 의사소통을 통해 이루어지는데, 이러한 의사소통은 시공간의 연결과 의식적인 공유가 있다면 면대면 관계뿐 아니라 원거리의 주체들 간에도 가능하다. 의사소통 과정은 사회적 관계의 기초적인 행위Husserl, 1976; 박인철, 2001 재인용로 이와 같은 소통은 일반적으로 면대면 관계를 전제하고 있다. 그러나 의사소통의 기본적 개념은 객관적 위치의 내가 타자와의 소통을 위해 노력하고 타자의 관심을 얻어 결국 의미의 전달과 공감을 통한 소통을 이루는 것이다. 따라서 두 사람이 언어적·비언어적 요소들을 통해 소통하고 상호주관성이 성립될 수 있다면 면대면 관계가 아닌 경우에도 개인들이 공유하고 있는 대상이나 사건, 즉 제 3의 대상이 시간이 지남에 따라 변화하는 것을 함께 경험하면서 '상호주관성의 상태'를 유지할 수 있다 Knorr-Cetina and Bruegger, 2002.

매체의 발달은 비대면적 소통 방식과 또 이를 통해 형성되는 상호주관성에 큰 영향을 주고 있으며, 공동체 개념과 사회관계의 형성과 의미에 변화를 가져왔다. 텔레비전과 같은 대중매체가 확산되면서 수용자들은 매개된 '원거리에서의 친숙함intimacy at a distance'을 느끼게 되었다임종수, 2011. 이후 다양한 매체 특히, 인터넷의 발달을 통해 면대면 관계가 아닌 온라인 커뮤니티를 통한 가상 공존이 일상적 경험으로 자리 잡았다 Bakardjieva, 2003. 이제 현실-가상세계는 이분법적 대립이 아닌 절합 ariticulation된 형태로서 새로운 행위, 인식과 경험을 낳고 있다임종수, 2011. 이제 '가상'의 반대는 '현실' 아니라 디지털 기기나 서비스를 고립적으로 소비하며 가상세계에서 동떨어지는 것이 되었다Bakardjieva, 2003.

이 책에서 정의하고 있는 '모바일 공동체'는 개인이 타인과 다양한 사회적 관계를 맺고 공동체를 구성하는 데 가상공간에 소통의 장을 제공하며, 이러한 공간에서의 상호주관성 형성은 공동체의 유대를 구성하는 중요한 요소가 된다. 카카오톡 사용자들이 모바일 공간에서 상호작용을 하면서도 점차 유사현실 상태로 인지하는 것은, 공감각을 중심으로 한 체화된 지각을 통해 그 공간을 인지하기 때문이다. 현상학에서 공간은 수학적으로 측정할 수 있는 3차원의 공간이 아닌 우리가 '경험하는 공간성'으로 정의한다James, 2007. 우리의 신체가 지각하는 공간성과 체험을 바탕으로 서로의 존재를 가정한다. 우리는 휴대폰 화면을 통해 눈으로 보고 손으로 말하고, 애니메이션 멀티미디어 자료를 통해 통감각적 지각을 행하면서 카카오톡 대화 공간과 상대방의 존재를 체화한다.

노어 세티나는 글로벌 금융시장의 경우 환율거래시장에서 딜러 간 면대면이 아닌 컴퓨터 모니터를 매개로 한 상호작용이 딜러 간 공동의 목표와 내재된 규범에 의해 상호주관성이 성립되어 원거리에서의 매체를 매개로 한 연결을 가능하게 한다는 것을 보여준다Knorr-Cetina and Bruegger 2002. 이는 저자들이 '글로벌 미시구조global microstructure'라 명명하는 개념으로, 지리적으로는 지구적 단위의 원거리 소통이지만 소통의 본질은 상호주관성에 바탕을 둔 미시적 상호작용의 성격을 나타낸다.

공간적 즉시성spatial immediacy의 부재를 극복하는 세티나의 '시간의 공동체community of time' 개념은 오늘날 가상세계의 공간 개념이 '시간 연결성interlocking of time'을 포함하고 있다는 점을 잘 포착하며, 즉각적인 커뮤니케이션을 가능하게 하는 요소이다. 뿐만 아니라, 우리가 스마트폰을 이용해 커뮤니케이션을 하는 것이 마치 면대면 관계에서 '대화' 하고 있는 것처럼 작용하여 결국 매체를 통한 '문자'의 교환이 마치 직접적 상호작용에서의 언어입말 교환의 역할을 하게 된다.

유사현실 공간에서 소통할 때 우리는 정보의 전달뿐 아니라 감정이입과 공감을 이끌어내며, 이를 통해 "우리 관계we relation"가 형성된다. 기든스는 현대에 나타나는 새로운 형태의 결속력 있는 관계를 공동체로 보고 있으며, 이러한 관계가 특히 친밀성의 영역에 존재하고 신뢰형성 과정을 거쳐 그 관계가 공고해짐을 논한다.

사회적 연대의 메커니즘에 대한 연구가 사회학의 핵심 분야라는 점은 과거와 다름이 없다. 하지만 새로운 형태의 연대는 이러한 낡은 구분법으로 제대로 파악되지 않는다. 가령 요즘과 같은 탈 전통시대에서 '친밀성 (intimacy)'의 영역이란 이익사회적인 것도 공동사회적인 것도 아니다. 친밀성에는 좀 더 능동적인 의미에서 '공동체'의 발생이 포함되며, 이 경우 공동체는 시공을 초월하여 확장되기도 한다. 서로 수천 마일 떨어져 있는 사람들이 인간관계를 유지하고 … 이런 경우에도 신뢰는 구축되고 유지되며, 대개 상호 간의 언어적·정서적 자기공개(self-discourse) 과정을 거친다. 타인에 대한 자기공개는 안정적인 유대 관계 발전의 필수조건이다.(Giddens, 1994; Ling, 2008 재인용)

본 연구에서는 공동체의 발생이 친밀성의 영역에 제한되기보다 공동의 목표나 관심을 가지고 있는 다양한 관계에도 해당된다고 본다. 다만 이러한 공동체가 구축되는 과정에서의 정서적 자기공개는 소통을 위한 전제조건으로서 중요하다. 일상에서 커뮤니케이션 매체를 늘 소지하고 있는 일반인들의 경우, 금융시장과 같은 특수한 상황이 아닌 일상에서도 스마트폰 스크린을 통해 상호주관성을 형성할 수 있다. 그러나 면대면 관계가 아니기 때문에 이러한 관계의 생성과 유지에 있어 자기공개 과정과 이를 통한 신뢰 형성이 더욱 중요해진다. 카카오톡 사용자들은 자신만의 공간인 프로필을 통해 본인의 사진이나 안부에 관련된 것들을 게시하고, 남길 말을 통해 타자의 관심을 유도하는 자기공개 과정을 거친다. 이에 사용자는 관심을 갖게 된 '너'와 소통을 시작하고 관계를 형성하게 된다.

이제 매체의 발달과 함께 서로 간의 연결, 상호주관성을 강화시키는 즉시성 그리고 상호 간의 소통에 사용되며 '우리 관계'를 더 공고히하는 언어적 특징에 대해 알아보고자 한다.

5. 모바일 상호주관성의 핵심요소 1 : 즉시성

바우만은 '즉시성immediacy'이 빠른 경제성장과 현대화를 이끌어낸 중요한 동력이면서 동시에 불안정하고 취약한 체제하의 사람들이 불확실성 속에서도 '즉각적인 만족'을 할 수 있도록 하는 결정적인 요소인 것으로 설명하며, 이에 대한 예로 휴대폰을 들고 있다Bauman, 2000. 비릴리오도 과거 사회에서는 공간의 점유가 중요한 의미였으나, 현대로 오면서 시간과 속도의 개념이 군사적·정치적 힘의 중심이 됨을 논의하였다Virilio, 1977.

플루서는 저작『코뮤니콜로기』를 통해 텔레마틱 정보사회에서 대중매체·ICT를 통해 개별 인간끼리 대화를 나누고 즐기며 사회적 대화가 이루어지는 창조적 사회의 구성을 꿈꾼다Flusser, 1996. 이러한 논의의 실현은 커뮤니케이션 매체에 실시간으로 존재하는 원격현전Telepresence을 기반으로 한다. 이와 같이 떨어져 있지만 떨어져 있는 것이 아닌 상태, 즉각적으로 연락이 가능하며 항상 연결된 상태를 가능하게 하는 중요한 요소가 바로 즉시성이다.

즉시성은 컴퓨터를 매개로 한 커뮤니케이션뿐 아니라 스마트폰과 같은 휴대용 컨버전스 기기들을 통한 커뮤니케이션으로 인해 유동성mobility이 증가하면서 그 역할이 증대되었다. 즉시성은 가상공간 내에서의 사회적 상호작용에서 중요한 요소로서, 개인들이 가상공간의 몰입을 통해 인간관계와 의사소통을 효율적으로 할 수 있도록 한다.

즉시성은 타인과 언제든지 연락 가능하다는 점에서 공간에 대한 조정을 가능하게 할 뿐 아니라 심리적으로도 항상 누군가와 접속해 있다는 느낌의 편안함과 동료의식을 심어준다. 즉각적인 조정이 가능하다는 것은 공간적 즉시성의 부재와 원거리에서의 소통의 어려움을 해소해 준다.

개인들은 다양한 정체성을 기반으로 가상공간에서의 연결과 소통을 통해 모바일 공동체 구성원으로서 각 공동체별로 구성의 목적과 호혜성을 갖는다. 때문에 때로는 늘 휴대하던 연락수단이 없을 경우 불안함을 느끼거나 평소에도 수시로 메시지 수신 여부 등을 확인하며 즉시적인 연결을 유지하고자 노력하게 된다.

그룹의 유지와 구성원 간 정서적 지지에 있어 즉각적인 피드백이 커뮤니케이션에 긍정적 영향을 준다는 것은 카하이와 쿠퍼Kahai and Cooper, 2003의 연구를 통해 알 수 있다. 카하이와 쿠퍼는 타인이 함께 존재하는 것을 인지하는 사회적 지각social perception이 충분한 미디어를 이용할 때 다양한 신호와 즉각적인 피드백으로 강화되고 긍정적인 사회정서적 커뮤니케이션이 이루어진다고 논의한다. 이와 같은 맥락에서 즉시성은 집단 내의 효율과 성과 측면에 관한 연구가 많은데, 특히 교육에 있어 교육과정의 즉시성이 학생의 학습능률에 주는 효과에 대한 연구가 많이 진행되어 왔다Fusani, 1994; Tu and McIsaac, 2002.

더불어 이러한 즉시성은 면대면 관계와 컴퓨터 매개 커뮤니케이션 CMC : Computer Mediated Communication 관계 간에 차이점을 나타낸다. 면대면 관계의 경우 언어적인 요소뿐 아니라 비언어적 요소가 함께 작용하기 때문에 즉시성과 친밀성의 교류가 더 쉽고 빠르게 증가한다. 반면에 CMC 이용 시 즉시성과 친밀성이 면대면 관계 수준으로 발전할 수는 있지만 대면관계에 비해 그 정도가 점차적으로 강해지는 것으로 나타난다 Walther and Burgoon, 1992.

이러한 과정을 통해 개인과 사회는 상징적인 공동의 얼굴을 가지며,

공동체는 공통의 이미지로 연결된다. 개인의 정신은 그 자체로 존재하기보다는 인지적 연결을 통해 공동체나 사회가 반영된 결과이며 공동의 이미지를 공유한다Chayko, 2008. 개인주의 사회에서 타인과 소통할 수 있는 창구가 온라인이나 모바일 공간이 될 수 있는 이유는, 물리적 단절에도 불구하고 이러한 인지적 연결을 바탕으로 친밀한 관계를 유지할 수 있기 때문이다.

6. 모바일 상호주관성의 핵심요소 2 : 이차적 구술성

이 책을 관통하는 소재가 매체를 통한 소통이라면, 휴대폰과 카카오톡이라는 기술매체뿐 아니라 우리가 사용하는 언어는 우리의 사고와 정보를 전달하는 중요한 매체의 역할을 한다. 인간을 동물과 구별지을 수 있는 복잡한 문명의 건설은 도구의 사용만으로 설명하기 어려우며, 오히려 상징성이 축적된 언어의 사용을 통해 더 복잡하고 발달된 인류문명의 건설이 가능했다Mumford, 1972고 볼 수 있다. 지금까지는 문자의 발명과 함께 인류사의 빠른 번영이 가능했다면, 여기서는 문자 발명 이후의 구술성이 어떻게 현대의 모바일 기반 소통에 기여하고 있는지를 조명해 보려 한다.

좀 더 구체적으로, 저자들은 비공식적인 언어형식으로 인지되어 온 온라인과 모바일의 언어가 사용자의 자유로운 대화 양상을 이끌고 면대면 대화와 같은 친밀함을 이끌어내어 물리적 거리감을 극복할 수 있다고 보고 있다. 따라서 이러한 관점과 관련된 문헌과 이론들을 정리하여 소개한다.

본 절에서 다루고자 하는 이차적 구술성secondary orality은 옹Ong이 제시한 개념으로 다음과 같이 설명할 수 있다. 이차적 구술성은 문자가 사용된 이후의 구술성이다. 우리는 '쓰기' 활동을 통해 논리적이고 추상적인 사고가 가능해졌고 이것은 기존의 구술성에 변화를 가져왔다. 문자발명 이후의 구술문화는 문자를 전제로 하는 것이기 때문에 구술성과 문자의 성격이 혼합된 이차적 구술성의 성격을 가진다Ong, 1982. 문자의 발명과 보존, 인쇄술의 발명 등은 인류의 문명이 급속히 발달하는 데 큰 기여를 하였다. 그러나 잭 구디가 지적했듯 문자시대 이전의 구술문화를 야생의 것, 길들여지기 이전의 상태로만 보는 것은 이분법적 오류이며Goody, 1977, 이전의 구술성은 완전히 사라진 것이 아니라 문자시대 이후 문자성과 복합된 형태로 여전히 남아 있다.

무엇보다 구술성은 강력한 참여를 유도한다. 문자가 여러 감각 중 시각에 의존한다면 구술성은 청각에 의존한다. 상대방의 말하기에 귀를 기울인다는 것, 그리고 동시간대에 끊임없는 '대화'의 형태로 이어진다는 것은 청취자를 청중으로 만들고 더 나아가 하나의 집단으로 만들어 그 속에 사람들이 '참여'하게 하는 신비성이 있다. 서적 등의 읽기 활동이 공동체 활동이 아닌 개인 활동에 한정되지만 가상공간에서의 대화 참여는 '집단화'의 기능을 한다Ong, 1982.

문자의 구술화는 문명과 지식체계의 발전을 다시 한 번 이룩했다. 키틀러Friedrich Kittler에 따르면 커뮤니케이션 체제의 구조에는 1800년대, 1900년대 두 번의 주요 전환점이 있었다. 첫째는 학자 중심의 권위적 체제에서 알파벳체제를 기반으로 한 읽기와 쓰기, 지식의 개방이 이루어진 시기이고 그 다음은 축음기, 필름 같은 새로운 매체 기술이 도입된 각각의 두 시기를 의미한다Gane, 2005. 두 번째 전환기에서는 우리는 단순히 문자에 의지하는 것이 아닌 말해진 문자, 문화의 구술화oralization of culture 과정을 경험하게 되는데 특히 알파벳으로 쓰인 글을 소리 내어 읽기 시작하면서 시작된 알파벳의 '구술화'는 문화의 보급과 발전에 강한 영향을 끼쳤다Kittler, 1990; Gane, 2005 재인용.

전기가 발명되고 전자시대에 돌입하면서 전화, 라디오, 텔레비전 등은 우리를 자연스럽게 이차적 구술성의 시대로 이끌었다. 이 중 통신 기술의 발달은 커뮤니케이션사에서 괄목할 만한 성장을 거듭해 왔다. 휴대폰의 발명은 음성통화뿐 아니라 문자메시지 전달이 가능해지면서 입말과 글말을 모두 전달할 수 있는 수단이 되었다. 이 책에서 다룰 가상공간에서의 발화 역시 문자적 성격을 많이 가지고 있는 듯 보이지만 정확하게는 구술성이 혼재된 '이차적 구술성'으로 분류되어야 한다.

한국인들이 필수 스마트폰 애플리케이션으로 사용하고 있는 카카오톡은 이와 같은 '이차적 구술성'의 특징이 잘 반영되어 있다. 옹에 의하면 전자말electronic language의 등장으로 문자중심 문화로 인해 약화되었던 입말의 음성적 특징이 글말의 특징과 함께 혼종적으로 나타나게 되었다. 또한 이는 청각과 시각 등 다양한 감각의 활용을 통한 의사소통 방식에 기폭제 역할을 했다Ong, 1982; 임규홍, 2000.

그렇다면 통신언어에서 이와 같은 이차적 구술성은 실제 발현되고 있을까? 인터넷과 모바일 메신저에 사용되는 언어는 실제로 쓰기와 말하기 중 어디에 더 가깝고 또 어떠한 특징을 나타내는가? 크리스탈은 '넷스피크Netspeak'라는 조어를 통해, 웹에서 사용하는 언어가 구어보다는 쓰기에 가깝지만 어느 정도 구어의 형식으로 재현된 쓰기라고 결론을 내린 바 있다Crystal, 2001; Baron, 2008 재인용. 이는 월터 J. 옹의 이차적 구술성의 개념과 상응하는 바가 있다.

언어학자인 바론Naomi Baron은 일반 대학생들의 IM온라인 실시간 문자 대화
서비스 : instant messenger 대화내용을 분석하여 〈표 2-1〉과 같은 연구 결과
를 제시하였다. 이는 인스턴트 메신저의 대화가 면대면의 대화나 일반
적 글쓰기 중 어느 유형에 더 가까운지 담화구조, 사용되는 어휘의 형
태, 발화의 중단 패턴 등을 통해 분석한 것이다.

표 2-1 인스턴트 메신저의 언어 '말하기/쓰기' 분석

	말하기 (면대면 대화와 유사점)	쓰기 (일반적 쓰기와 유사점)
전반적 담화구조(General Discourse Scaffolding)		
평균 전환 길이	○	×
한 단어 발화	○	×
대화적 끝맺음	○	×
어휘(Lexical Issues)		
생략(축약)	다소	다소
축약어, 두문자어	×	다소
이모티콘	○	×
발화의 중단(Utterance Breaks, UB)		
발화가 연속된 전달 형태로 변경되는 빈도	○	×
분절된 발화의 두 번째 쌍이 접속사로 시작할 경우	○	×
분절된 발화의 두 번째 쌍이 등위접속사로 시작 할 경우	○	×
분절된 발화의 두 번째 쌍이 독립절로 시작할 경우	다소	○

출처 : Naomi Baron(2008), *Always On*, p.66.

바론은 일반화된 결론을 내리기는 어렵지만 IM상의 언어가 충분한
발화적 요소를 가지고 있는 한편, 언어학적 분석에 따르면 쓰기에 가깝
다는 평가를 내린다. 그럼에도 인스턴트 메신저 사용이 '문자' 보다는

'대화'로 느껴지는 것은 메신저를 통한 글쓰기가 에세이 작성과 같은 규범적 쓰기의 형태가 아니면서, 다른 일을 하면서 상대방에게 지루함과 공감 표현, 그리고 약속 정하기 등을 동시에 할 수 있기 때문이라고 한다.

크리스탈과 바론의 연구 결과를 종합해 보면 넷스피크는 말하기의 요소가 가미된 문자의 형태이다. 인터넷이나 SMS핸드폰 단문 서비스: short message service, IM 등에서 사용되는 언어는 쓰기와 말하기가 섞여 있을 뿐 아니라 간단히, 빠르게 의사를 전달하기 위한 형태로 변형되기도 하는데Crystal, 2001, 이는 결국 옹의 이차적 구술성 개념과 마찬가지로 의식적인 문자사용을 기반으로 한 구술성의 특징으로 볼 수 있다. 이러한 이차적 구술성은 새로운 모바일 공간에서 통용되어 소통의 매개가 되는 언어 형식으로 볼 수 있다.

국내의 전자말에 관한 연구 동향을 통해서도 비슷한 결과를 찾을 수 있다. 한동완2003은 언어가 구어입말에서 문자언어글말로 그리고 현재 널리 사용되는 통신언어의 형태로 변화를 거쳤다고 주장한다. 이러한 통신언어의 개념은 크리스탈의 넷스피크, 옹의 이차적 구술성 및 전자말의 개념과 크게 다르지 않다. 통신언어의 발달은 매개된 언어의 사용으로 글말과 입말로는 부족한 부분을 보완하기 위한 현상으로서, 새로운 언어사용의 형태로 볼 수 있다.

국내 연구들의 많은 경우가 이러한 전자말이 실제 언어생활에 주는 영향으로 인해 문법파괴와 같은 언어오염이 나타나는 것을 우려한다임규홍, 2000; 한동완, 2003; 신호철, 2005. 그러나 본 연구는 언어의 사회적 기능인 의미의 상호적 확립, 의사전달 의도의 중요성, 사회적·문화적 맥락에서 뉴미디어의 언어사회학 측면에 관심을 가진다. 특히, 일상에서 언어가

사용되는 방식과 그 사회적 역할, 특히 가상공간 참여를 유도하는 역할
을 중점적으로 분석하고자 한다.

제3장

분석틀 및 연구방법

1. 분석틀 : 모바일 공동체의 특성

본 연구는 개인들을 모바일 공간에서 공동체로 연결해 주는 상호주
관성이 즉시성과 이차적 구술성에 의해 형성되고 강화된다고 본다. 다
음의 그림은 이러한 시각을 도식화한 것이다.

 모바일 메신저를 통한 공동체 공간의 구성요소

선행연구와 이론적 논의에서 검토한 바와 같이 현대사회에서 공동체
는 과거 사회와 같이 혈연과 지연으로 연결된 소규모 공동체나 지역 기
반에만 한정된 공동체로 보기 어렵다. 사회 분화를 통해 개인들의 삶도
다양해지면서 타인과 맺고 있는 인간관계의 지형도 복잡해지고 있다.
기존의 가족과 같은 사회 기초 단위뿐 아니라 공적인 관계나 기타 다양
한 사회적 관계의 공동체들은 생성됨과 동시에 면대면 관계뿐 아니라
디지털 매체로 매개된 관계로 그 관계의 장이 확장된다.

현대의 다양한 사회적 관계를 연결해 주는 것은 개인들이 물리적으
로 떨어져 있음에도 함께 존재할 수 있는 인지적인 공동의 의식이 존재
하기 때문이며 이는 상호주관성으로 설명될 수 있다. 물리적 거리를 두

고 있는 개인이 공통으로 추구하거나 공유하는 의식인 상호주관성은 매체의 접근인 즉시성과 매체를 통한 사회적 자아의 발현이자 친밀성을 증대시키는 이차적 구술성에 의해 강화된다.

본 연구는 이러한 기제를 통해 모바일 공간에서 새로운 형식의 공동체가 유지되는 것으로 보고 연구 과정을 통해 이를 살펴보고자 한다.

2. 연구 참여자의 선정

본 연구는 스마트폰 사용자의 면접과 휴대폰 데이터 추출을 병행하였으며, 데이터 추출에는 옥시전 포렌식Oxygen Forensic이라는 프로그램을 사용하였다. 따라서 표본추출을 설계하는 데 있어 어떠한 스마트폰 기종이 옥시전 포렌식과 호환되는지 사전조사를 통해 선별하였다. 그 결과, GSMGlobal Systems for Mobile방식이 아닌 한국에서 통용되는 CDMACode Division Multiple Access방식 휴대폰의 경우 삼성 갤럭시 시리즈, 팬텍 베가 시리즈와 일부 LG 스마트폰이 옥시전 포렌식 소프트웨어와 호환되었고, 아이폰의 경우는 모두 호환이 가능했다. 이에 연구 참여자의 비율을 호환이 가능한 휴대폰 기종에 따라 나누어 선별하였다. 표집의 공정성을 위해 실제 해당 휴대폰 기종의 시장 점유율을 고려하여 참여자 수를 정하였다.

이후 표본집단 추출을 위하여 성별, 연령, 학력, 지역, 직업, 결혼 상태 그리고 사용 중인 스마트폰 OS운영체제: operating system를 고려하였다. 성비는 1:1로 모집하였고, 연령은 스마트폰 보급 정도에 따라 만 15세부터 만 60세까지로 제한하였으며 지역에 대한 제한은 두지 않고 주로 수도권 거주자들을 대상으로 하였으나, 직업, 교육수준, 결혼여부나 가족형태 등에 대해서는 모집단의 다양성을 고려하여 표집하였다. 스마트폰은 애플사의 모바일 운영체제인 iOS 기반 휴대폰과 구글에서 개발한 안드로이드 기반의 휴대폰을 1:1로 모집하였다. 데이터 수집을 진행했던 아비텔 프로젝트는 카카오톡 사용자만을 대상으로 하고 있지 않기 때문에, 본 연구에 참여한 스마트폰 이용자 50인에는 카카오톡 비사용자가 포함되어 있다.

 그림 3-2 표본 추출 프레임

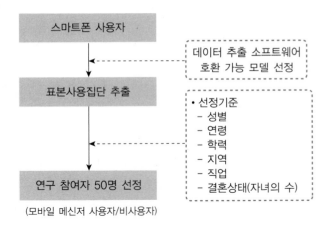

(모바일 메신저 사용자/비사용자)

연구 참여자 선정은 전화·문자 메시지 사용 기록 및 전화번호부, 사용 중인 애플리케이션 등 개인정보가 포함된 휴대폰 데이터 수집이 연구과정에 포함되어 있어 눈덩이표집snowball sampling이 불가피했음을 밝힌다. 인터뷰와 데이터 추출은 사전 연구윤리심의위원회IRB: Institutional Review Board를 통과한 뒤 연구 참여자의 연구동의서를 받은 후 실시되었다. 이렇게 최종 참여하게 된 50명에 대한 정보를 〈표 3-1〉에 제시하였다. 참여자의 전공분야를 제외한 모든 기본정보를 요약하였다. 모바일 메신저 이용여부는 카카오톡의 이용여부를 나타내며, 두 명을 제외하고는 사용정도의 차이는 있지만 모두 카카오톡을 사용하고 있었다. 3차 데이터 이용여부란 2회의 인터뷰 이후 카카오톡 대화 내용을 캡처한 자료를 연구자가 제공받아 분석한 경우를 뜻한다. 각 항목별 응답자 분포 및 기술descriptive 통계는 부록 1을 참조할 수 있다.

표 3-1 연구 참여자 정보

	휴대폰 브랜드	휴대폰 모델	연령대	성별	결혼 상태	자녀 유무	지역	교육상태	직업	모바일 메신저 이용 여부	3차 데이터 이용 여부
01	애플	iPhone	30대	남	미혼	×	서울	대학 재학	학생	○	
02	삼성	Galaxy	20대	남	미혼	×	서울	대학 졸업	디자 이너	○	○
03	삼성	Galaxy	20대	여	미혼	×	경기	대학원 재학	학생	○	○
04	애플	iPhone	50대	여	이혼	×	경기	대학 졸업	교육직	○	
05	애플	iPhone	20대	남	미혼	×	서울	대학 졸업	디자 이너	○	
06	애플	iPhone	20대	여	미혼	×	서울	대학 졸업	컨설 턴트	○	
07	삼성	Galaxy	50대	남	결혼	○	서울	대학 졸업	디자 이너	○	
08	삼성	Galaxy	30대	남	미혼	×	서울	대학원 재학	학생	○	
09	삼성	Galaxy	20대	여	미혼	×	서울	대학원 졸업	연구원	○	○

	휴대폰 브랜드	휴대폰 모델	연령대	성별	결혼 상태	자녀 유무	지역	교육상태	직업	모바일 메신저 이용 여부	3차 데이터 이용 여부
10	팬텍	Vega	40대	남	결혼	○	서울	대학원 졸업	교수	×	
11	애플	iPhone	20대	여	미혼	×	서울	대학 재학	학생	○	
12	애플	iPhone	20대	여	미혼	×	서울	대학원 재학	연구원	○	
13	애플	iPhone	20대	여	미혼	×	서울	대학 재학	학생	○	
14	애플	iPhone	20대	여	미혼	×	서울	대학 졸업	연구원	○	
15	삼성	Galaxy	20대	남	미혼	×	서울	대학 재학	학생	○	
16	삼성	Galaxy	20대	남	미혼	×	서울	대학 졸업	회사원	○	
17	삼성	Galaxy	20대	남	미혼	×	서울	대학 재학	학생	○	
18	삼성	Galaxy	30대	여	미혼	×	인천	대학원 졸업	연구원	○	
19	삼성	Galaxy	30대	남	미혼	×	서울	대학 졸업	교육직	○	
20	애플	iPhone	30대	여	미혼	×	서울	대학 졸업	예술인	○	
21	삼성	Galaxy	40대	남	결혼	○	서울	대학원 졸업	방송인	○	
22	삼성	Galaxy	30대	남	미혼	×	서울	대학 졸업	휴직	○	
23	삼성	Galaxy	10대	남	미혼	×	서울	고교 재학	고등 학생	○	
24	팬텍	Vega	10대	여	미혼	×	서울	고교 재학	고등 학생	○	

	휴대폰 브랜드	휴대폰 모델	연령대	성별	결혼상태	자녀유무	지역	교육상태	직업	모바일 메신저 이용여부	3차 데이터 이용여부
25	삼성	Galaxy	40대	남	결혼	○	경기	대학원 졸업	연구원	×	
26	삼성	Galaxy	30대	여	결혼	○	경기	대학 졸업	마케터	○	
27	삼성	Galaxy	40대	남	결혼	○	서울	대학원 졸업	방송인	○	
28	애플	iPhone	30대	남	결혼	×	서울	대학원 재학	교육직	○	
29	삼성	Galaxy	10대	남	미혼	×	서울	고교 재학	고등학생	○	
30	엘지	Optimus	20대	여	미혼	×	서울	대학원 졸업	교육직	○	○
31	삼성	Galaxy	30대	여	미혼	×	서울	대학 졸업	교육직	○	
32	팬텍	Vega	10대	여	미혼	×	서울	고교 재학	고등학생	○	
33	애플	iPhone	30대	여	결혼	○	서울	대학원 졸업	연구원	○	
34	삼성	Galaxy	30대	남	결혼	○	서울	대학 졸업	자영업	○	○
35	삼성	Galaxy	50대	여	미혼	○	서울	대학 졸업	주부&교육직	○	
36	삼성	Galaxy	40대	여	결혼	○	서울	대학 졸업	주부	○	
37	팬텍	Vega	10대	여	미혼	×	서울	고교 재학	고등학생	○	
38	팬텍	Vega	10대	여	미혼	×	서울	고교 재학	고등학생	○	
39	팬텍	Vega	10대	여	미혼	×	서울	고교 재학	고등학생	○	
40	삼성	Galaxy	20대	남	미혼	×	서울	대학원 재학	학생	○	○

	휴대폰 브랜드	휴대폰 모델	연령대	성별	결혼 상태	자녀 유무	지역	교육상태	직업	모바일 메신저 이용 여부	3차 데이터 이용 여부
41	엘지	Optimus	20대	남	미혼	×	서울	대학 졸업	회사원	○	○
42	팬텍	Vega	20대	남	미혼	×	서울	대학 재학	학생	○	○
43	삼성	Galaxy	30대	여	결혼	×	서울	대학원 재학	연구원	○	
44	삼성	Galaxy	30대	남	미혼	×	인천	대학 재학	항공 서비스	○	
45	삼성	Galaxy	30대	남	미혼	×	서울	대학원 재학	연구원	○	
46	엘지	Prada	30대	여	미혼	×	서울	대학 졸업	교육직	○	
47	삼성	Galaxy	10대	남	미혼	×	서울	고교 재학	고등 학생	○	
48	삼성	Galaxy	40대	여	결혼	○	서울	대학 졸업	주부	○	
49	삼성	Galaxy	20대	남	미혼	×	서울	대학 재학	학생	○	
50	삼성	Galaxy	20대	남	미혼	×	서울	대학 재학	학생	○	

3. 연구방법

본 연구는 프랑스 시앙스포Sciences Po대학 미디어랩의 국제연구프로젝트인 '아비텔Habitèle. Wearable Digital Identity'의 8개국 비교 연구 중 한국에서 시행된 연구 데이터를 사용하였다. 본 데이터는 휴대폰에서 추출한 전화, 문자, 통화내역 및 애플리케이션 사용 내역 등의 기록과 2회에 걸친 휴대폰 사용자 면접을 포함하고 있다. 그러나 이렇게 수집된 자료는 카카오톡 사용에 관한 구체적인 정보가 없기 때문에, 본 연구의 자료는 아비텔 프로젝트 데이터에 추가로 카카오톡 대화내용을 수집하고 이에 대한 분석이 병행되어 양적 데이터와 질적 데이터가 혼합적으로 수집되는 혼합방법mixed method으로 설계되었다. 본 연구는 면접내용에 중점을 두고 있으며 양적 데이터는 주요 분석대상이라기보다 면접내용에 대한 검증의 보조수단으로 사용하였다Boullier, 2014; Boullier and Crepel, 2014.

연구 진행과정은 다음과 같다. 연구 참여자 선정 후 1차 인터뷰를 진행하면서 휴대폰 데이터 추출을 병행하였으며, 인터뷰 내용과 추출한 데이터를 분석한 뒤에 2차 심층면접을 시행하였다. 연구자가 직접 찾아가 일대일로 면접하였고, 약 1시간 반 정도의 시간 동안 스마트폰 사용 전반과 애플리케이션에 관련된 질문들을 하였다. 데이터 추출에는 옥시젠 포렌직 소프트웨어를 사용하였고, 데이터 분석 결과물은 시앙스포 미디어랩 측의 시각화 애플리케이션용 포맷의 파일과 연구자 본인들의 분석 결과를 동시에 이용하였다. 면접내용은 연구 참여자의 동의하에 녹음한 후 라임서베이Limesurvey에 데이터베이스화하여 연구에 활용하였다. 이후 카카오톡 대화내용 분석을 위해 선별된 소수의 참여자에게 동의를 구한 후 카카오톡 대화내용을 수집하여 추가 분석하였다.[1]

---

1) 본 연구는 프랑스 시앙스포(Sciences Po)대학 미디어랩의 국제연구프로젝트인 'Habitèle. Wearable Digital Identity' (2012년 2월~2014년 2월)의 일환으로 8개국 비교 연구 중 한국에서 시행된 데이터를 사용하였으며 연세대학교 사회과학연구소에서 한국팀으로 참여하였다. 아비텔 프로젝트는 프랑스 FNSR에 의해 지원받았음을 밝힌다. 연구자는 프로젝트의 연구 설계 과정인 2012년 1월부터 미디어랩에 약 2개월 간의 인턴십 참여를 통해 한국의 특수한 상황을 연구 설계과정에 반영하고자 하였다. 1차 면

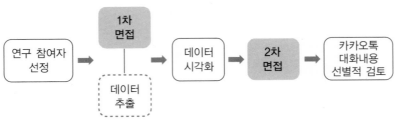

그림 3-3 연구 진행과정

본 연구의 설계는 1차 면접 이후 실제 사용한 휴대폰 데이터 분석을 수반한 2차 면접 과정을 통해 연구질문을 재확인한다는 점에서 연구주제에 심도 깊게 다가갈 수 있다는 장점이 있다. 2차 면접에서는 휴대폰 데이터 추출을 통해 얻은 전화, 문자 사용패턴 데이터를 바탕으로 분석된 자주 연락하는 사람의 분류가족, 친구, 직장 등를 고려하고 이들과의 카카오톡 활용에 관한 부분을 다시 질문하는 식으로 1차 면접을 심화시켰다. 이러한 과정을 통하여 연구 참여자는 1차에서 자신이 한 응답을 확인하는 과정을 거칠 수 있고 본인의 사용 데이터와 이용 패턴을 보면서 실제 이용에 가깝게 질문에 답할 수 있다. 또한 예상하지 못했거나 일상에서 간과했던 자신의 휴대폰 사용 방식을 확인할 수 있는 기회가 되기 때문에, 한편으로는 연구를 더욱 면밀히 수행할 수 있고 다른 한편으로는 스마트폰 사용자에게 스스로의 이용 행태를 돌아볼 수 있는 기회를 제공한다. 이러한 방식으로 2차 면접과 데이터 추출까지 진행한 결과, 연구 참여자들은 자신의 스마트폰 이용 행태를 검토하고 회상하며 평소

접에서 데이터를 추출하여 양적 자료를 시각화한 후 2차 면접에 활용하는 기본 연구의 프레임은 아비텔 프로젝트의 연구 설계와 일치한다. 해당 논문에서는 아비텔 프로젝트 데이터에 추가로 카카오톡 대화내용을 연구 참여자로부터 일부 수집하여 검토하였다.

에 인지하지 못한 부분까지 자세하고 정확히 논의하는 등 면접에 좀 더 몰입할 수 있었다. 또한 연구 참여자가 데이터 추출에 대한 필요성을 이해하고 연구의 신뢰성을 느낄 수 있도록 도모하여 마지막까지 거부감 없이 협조하도록 해 주었다.

마지막 데이터 수집 과정인 카카오톡 대화내용 수집은 전체 참여자가 아닌 일부로 한정되었다. 이에 대한 선발기준은 2차 면접까지 파악된 카카오톡 그룹채팅, 개인채팅 이용여부와 이용빈도, 사용목적의 다양성 등을 고려하였다. 이를 통해 주로 분석하고자 하는 것은 모바일 공간에서의 대화를 통해 형성되는 관계의 특성과 유지되는 공동체적 특징이다. 이에 대한 분석방법은 대화내용에 사용된 언어의 특징 검토, 대화참여 빈도 분석 등을 기본으로 한다. 본 연구는 또한 데이터 추출을 통해 확인된 전화 및 문자, 애플리케이션, 전화번호부 등의 사용빈도가 높은 그룹과 그렇지 않은 그룹으로 분류해서, 카카오톡 사용과 다른 소통채널 사용과의 연관관계도 알아보고자 한다.

제4장

카카오톡의 공동체적 성격

1. 카카오톡 사용빈도와 성격

　본 장에서는 연구 참여자들의 연락빈도와 관계의 폭, 주 사용 연락매체를 살펴보고, 휴대폰에서 추출한 데이터와 카카오톡 및 이메일 이용 정도를 각각 3~5점 만점으로 수치화한 점수를 활용하여 모바일 메신저 이용자들의 커뮤니케이션의 전반적인 특성을 파악해 보고자 하였다. 면밀한 비교를 위해 컴퓨터와 휴대폰 이용 그리고 휴대폰 이용에서 SMS와 카카오톡 사용을 구분하여 카카오톡 사용정도가 실질적으로 다른 연락매체 이용과 차이점을 보이는지 알아보고자 한다.

　사용자들의 이용패턴의 전반적인 특성을 먼저 살펴보기 위해 사용빈도 관련 인터뷰 및 휴대폰 추출 데이터, 설문조사 등을 분석하였다. 그 결과, 특별한 업무 연관성이 있는 경우를 제외하고 대부분의 사람들이 이메일이나 문자 사용량이 많지 않고 한정적이었다. 우선 연구 참여자들은 100% PC를 보유하고 있었고 인터넷이 연결되지 않은 경우는 없었다. 이메일 계정 관리의 경우 참여자들의 평균 이메일 계정 수는 3.3개였고 평균 사용빈도는 5점 척도1. 월 1회 이하, 2. 최소 월 1회, 3. 최소 주 1회, 4. 최소 일 1회, 5. 매일 수시로 중 3.2점으로 평균으로는 1주일에 1회 정도 사용하는 것으로 볼 수 있었다. 문자의 경우 핸드폰 사용정보 추출 결과 하루 평균 개인당 11.4건수신·발신 모두 포함 사용하는 것으로 나타났다.

　그렇다면 카카오톡 사용량은 어떠한가? 카카오톡의 경우 개인의 연락횟수를 모두 수치화할 수는 없었으나 50명의 사용자 중 2명을 제외하고 모두 카카오톡을 사용 중이었고, 50명의 참여자 중 30명이 수시로 확인하며 46명의 참여자의 사용빈도가 높은 편인 것으로 나타났다그림 4-1] 참조. 문자사용이 가장 많은 참여자의 데이터를 통해 분석해 보면 신용카드 사용 후 받은 확인 문자이거나 스팸메시지 혹은 기타 알림 메시지인 경우가 가장 많았고 그 이외에는 네트워크 문제로 카카오톡을 사용하지 못해서 문자를 사용하거나 낯선 사람과 연락을 할 경우 등이었다.

이처럼 카카오톡은 개인 간 메시지를 주고받는 실질적인 주요 수단으로 자리 잡은 것으로 드러났으며, 이러한 경향은 작년 중반기 한 사회조사에서도 이미 나타났다. 500명을 대상으로 한 오픈서베이 조사 결과, 카카오톡 실행빈도의 경우 응답자의 46.6%는 '메시지가 오지 않아도 하루에 몇 번이고 카카오톡 앱을 실행'하며, 주 사용 시간에는 42%가 '혼자 있을 때 항상 사용한다'고 하였으며, 카카오톡 실행 이유로는 57%가 '습관적으로 실행한다'고 답변했다블로터닷넷, 2013.9.5..

 연구 참여자들의 카카오톡 이용정도 (단위 : 명)

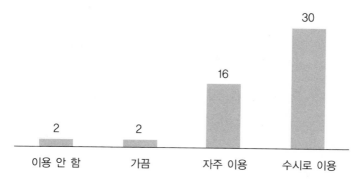

[그림 4-2]는 전체 연구 참여자들의 연락처 수와 단시간 동안 집중적으로 연락한 빈도이하 피크, peak[1]를 보여주고 있다. 연락처 수가 높은 참여

---

1) 피크(peak)의 개념은 연구 참여자의 휴대폰 사용기록 중 전화와 SMS 사용기록이 약 30분~1시간 이내에 집중적으로 나타나 지속되는 것을 의미한다. 1회의 피크는 한 명 혹은

자부터 낮은 참여자까지 분류한 다음 이들의 피크 빈도를 함께 시각화
하였다. 이를 살펴보면 짧은 시간 동안 집중적으로 전화, 문자를 주고받
은 기록이 있는 경우를 나타나는 피크 항목의 수와 개인의 연락처 수는
관계가 없는 것으로 나타난다. 즉, 연락하는 사람의 수가 많더라도 자주
연락을 주고받는 사람의 수는 한정되어 있는 경우가 많아 커뮤니케이션
패턴은 제한적인 것으로 나타난다.

그림 4-2 개인의 연락처 수와 피크의 수 (단위 : 개)

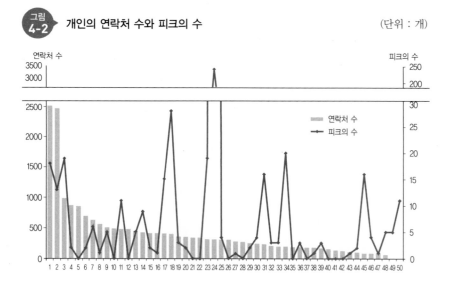

비록 해당 분석에 기술적인 이유로 전화 및 문자 외에 카카오톡을 통
한 연락여부가 포함되지는 않았지만, 그럼에도 이러한 분석은 온라인

다수와의 집중적인 연락이 나타난 1회의 기간을 의미한다. 피크의 수가 가장 많은 12번
참여자의 경우 가장 가상대화 사용이 많은 여동생과 카카오톡이 아닌 iOS 무료 메시지
서비스를 사용하여 하루에 수십 통 이상 사용하였기 때문에 다른 사용자들에 비해 절대
적으로 많은 피크의 수를 나타내어 이를 감안할 필요가 있다.

소통과 구분되는 모바일 소통의 중요한 특징을 암시한다. 익명성을 바탕으로 한 온라인에서의 커뮤니케이션 활동은 비교적 친분관계가 깊지 않은 다수와의 폭넓은 연결을 가능하게 한다. 반면에 모바일을 통한 커뮤니케이션은 익명관계가 아닌 실제 사회적 관계에서 연결된 사람들과의 소통을 바탕으로 할 뿐 아니라 이 중에서도 실제 이해관계가 있거나 친밀한 소통을 유지하는 경우에 더 잦은 연락을 하는 특징이 나타난다. 실제로 연락처의 수가 많은 것과 지속적인 연락을 하는 사람의 수가 연관관계가 없으며, 오히려 연락처 수가 적은 일부 사용자의 경우 특정 상대와 지속적인 연락을 빈번하게 하는 경우도 찾아볼 수 있었다.

카카오톡 이용의 증가는 문자메시지, 이메일과 같은 다른 채널의 커뮤니케이션 방식을 일정 부분 대체하는 효과를 보인다. 이와 같이 사용자들이 신규 서비스로 대거 유입되는 데에는 카카오톡이 기존의 매체를 대체하면서 제공하는 매력적인 측면이 있기 때문으로 보인다. 무엇보다 많은 사용자들의 의견처럼 '무료'라는 점이 유료 서비스인 SMSShort Message Service와의 큰 차이점이었다. 그러나 경제적인 측면만 고려한다면 SMS의 비용이 지나치게 비싸지 않으며, 온라인의 경우도 무료로 이용할 수 있다는 점에서 무료라는 유인동기만으로 충분히 매력적인지 의문을 갖게 된다.

오히려 낮은 PC 이용률과 SMS 이용률에 비해 카카오톡 이용률이 높은 경우는 이용자가 자신이 속한 내집단과의 지속적인 연락을 위해 이용한다는 점에 주목할 필요가 있다. 이 경우 연구 참여자들의 PC 사용빈도는 카카오톡에 비해 낮았으며, 일부 참여자만 사용정도가 더 높은 것으로 나타났다. 모바일을 이용한 SMS 사용의 경우도 사용빈도가 카카오톡에 비해 상대적으로 낮았다. SMS 전송도 친밀한 관계의 사람들과 주고받기보다 직장에서의 공적인 관계의 사용이 많았고, 알림 메시지나 홍보성 메시지 등의 인간관계 측면에서는 의미 없는 수신도 많이 나타났다.

이메일과 PC용 인스턴트 메신저IM, Instant Messenger의 사용빈도를 통해 측정한 온라인 소통 정도를 먼저 살펴보자면, 참여자 전원이 양호한 인터넷 접속환경에 있음에도 전반적으로 개인적인 의사소통 수단으로 사용하는 비중이 크지 않았다. 연구 참여자들의 100%가 개인 혹은 가족과 공용으로 사용하는 PC를 보유하고 있었으며 인터넷이 연결되지 않은 경우는 없었다. 이메일 계정 관리의 경우 참여자들의 평균 이메일 계정 수는 3.3개였고 평균 사용빈도는 5점 척도1. 월 1회 이하, 2. 최소 월 1회, 3. 최소 주 1회, 4. 최소 일 1회, 5. 매일 수시로 중 3.2점으로 평균 1주일에 1회 정도 사용하는 것으로 볼 수 있었다.

PC를 통한 인스턴트 메신저의 경우는 참여자의 평균 이용빈도가 5점 척도1. 월 1회 이하, 2. 최소 월 1회, 3. 최소 주 1회, 4. 최소 일 1회, 5. 매일 수시로 중 1.4점으로 월 1회 이하 사용으로 나타난다. 30대 이상, 석사 졸업 이상, 유배우자, 자녀수 1명 이상인 경우 사용정도가 높아지는 것으로 상관관계 분석결과를 통해서도 알 수 있는데〈표 4-2〉참조, 해당 카테고리의 참여자들은 대체로 하루 일과 중 PC 이용률이 높아 동료들과 의사소통을 위해 IM을 사용하고 있다고 인터뷰에서 설명하고 있다. 흥미로운 점은 이들의 연령대가 모바일 메신저 이전에 IM을 활발히 이용했던 세대로, 일부의 경우 이전에 활발히 사용하던 온라인 인스턴트 메신저를 아직도 사용하고 있다는 응답을 들을 수 있었다.

다음으로 모바일 기기의 유료 문자서비스SMS 이용정도를 알아보았다. 앞에서 언급했듯이 기존의 문자 시스템은 개인의 사적 영역을 담당

하는 채널로서의 역할이 이미 많이 줄었고, 상당수의 참여자가 사적 대화의 채널로 카카오톡에 의존하고 있다고 답했다. 실제로 문자의 경우 하루 평균 수신과 발신을 모두 포함하여 개인당 11.4건 사용하는 것으로 나타나 사용빈도가 높지 않았다. 반면 카카오톡의 경우 개인의 연락횟수를 모두 카운팅할 수는 없었으나 50명의 사용자 중 2명을 제외하고 모두 카카오톡을 사용 중이었고 50명의 참여자 중 46명의 참여자의 사용빈도가 높은 편이며 30명이 카카오톡을 수시로 확인하는 것으로 나타났다.

그렇다면 왜 이러한 차이가 나타나는 것일까? 혹시 스마트폰 이용에 더 몰입하는 사용자들 때문에 이러한 결과가 나온 것은 아닌지 살펴보고자 교차분석을 실시하였다. 교차분석 결과 스마트폰을 자주 사용하면서 카카오톡을 수시로 확인하는 경우는 전체 50명 중 11명이었으나, 스마트폰을 일반적으로 사용한다고 답한 경우도 16명이 카카오톡을 수시로 확인한다고 응답하였다. 전체적으로 스마트폰 이용정도가 높으면 카카오톡 이용정도도 높을 수는 있지만 반드시 비례한다고 보기는 어려웠으며 스마트폰을 제한적으로 사용하거나 가끔 이용하는 경우도 카카오톡은 수시로 확인한다고 응답하여 경향성을 단정 짓기는 어려웠다.

표 4-1 연구 참여자들의 카카오톡 이용정도와 스마트폰 이용 교차표

(단위 : 명)

		카카오톡 이용정도				
		이용 안 함	가끔	자주 이용	수시로 확인	계
스마트폰 이용정도	제한적 사용	1	1	1	3	6
	일반적 사용	1	1	10	16	28
	자주 사용	0	0	5	11	16
계		2	2	16	30	50

스마트폰의 다양한 기능을 활용하는 멀티유저가 꼭 연락기능도 많이 이용한다고 보기도 어려웠다. 연락용도와 스마트폰의 부가적 기능 사용 정도를 비교한 결과 물론 개별적으로 사용정도에 따라 특정 애플리케이션을 더 많이 이용하는 경우도 있지만, 음악이나 미디어 재생에 거의 대부분을 이용한다고 주장한 경우를 제외하고 대부분은 전화, 문자, 모바일 메신저 이용과 같은 연락 기능을 스마트폰의 주요 용도로 꼽고 있었다. 연락처 수가 많은 순서부터 정렬해 본 결과 애플리케이션 수와는 연관관계를 찾기 어려웠다. 즉, 양적으로 많은 연락처를 보유하고 있는 것과 연락기능 이외의 스마트폰 활용정도와는 큰 관련이 없었다.

종합하면, 연락관계망의 크기나 관계빈도에 따라 활용하는 연락 애플리케이션의 수가 증가하는 것으로 보이지는 않으며, 연락의 상당 부분은 카카오톡에 집중된 것으로 보인다. 그리고 이러한 카카오톡의 사용은 스마트폰 사용량의 상당 부분을 차지하는 것으로 보인다. 〈표 4-1〉에서 확인할 수 있듯이 스마트폰 이용정도를 연구 참여자가 자신이 보통, 제한적, 중독 등으로 주관적으로 평가하였을 경우, 스마트폰 이용량이 많을수록 카카오톡 이용정도도 다소 높은 것으로 나타났다.

연구 참여자별 연락처 수와 애플리케이션 수

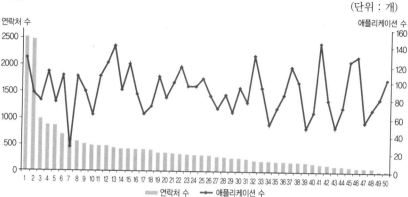

(단위 : 개)

corr: 0.131(p-value: 0.365)

　정리하면, 카카오톡의 사용정도는 스마트폰 사용빈도나 애플리케이션 활용정도 등과는 큰 관련이 없는 것으로 보이며, 카카오톡 사용이 이메일, IM, SMS에 비해 많은 것은 친밀한 관계에서의 소통을 위해 많이 사용하기 때문이다. 이와는 대조적으로 이메일, IM, SMS는 주로 공적인 연락수단이나 확인용도로 이용되고 있어서 카카오톡과는 다른 소통 대상을 상대로 활용되고 있다.

　　"카카오톡 할 만한 사이는 아니어서 문자로 보낼 때도 있어요. 이제 편하게, 카카오톡은 계속 이야기하게 되는데 문자는 한 번 보내게 되거든요. (카카오톡은) 말하다 보면 계속 하게 되는데 문자는 정해진 양이 있어서 딱 할 말만 하고 안 하게 되거든요." (10대, 여)

판텔리Panteli, 2009에 의하면 이메일의 경우 위계조직의 상급관리자에 의해 집중적으로 사용되는 경향이 있고, 이는 관리를 목적으로 하는 이메일 사용에 관한 다른 연구 결과들과 상응한다Markus, 2003; Lee, 1994; Panteli, 2009 재인용. 이에 이메일 사용량이 높은 것으로 응답한 사람들 총 14명을 정리해 보면 대학원생 3명, 연구원 1명, 대학 강사 2명, 대학교수 1명, 무역회사 및 금융기관 직원 각 1명, 방송국 프로듀서 1명, 의류자재 사업가 1명, 프리랜스 웹디자이너 1명으로서 대부분 위계적인 조직에서 근무하고 있으며, 관리자 정도의 지위에 있거나 소속 그룹이 없을 경우에는 상시로 업무 피드백을 해야 하는 경우 등의 공적인 이유로 많은 이메일 사용을 보이는 사람들이었다. SMS 사용이 두드러지게 많았던 1명의 사용자는 자매와의 연락에 iOS 기반 무료 서비스인 iMessage를 이용해 거의 하루 일과의 대부분 동안 사용한 경우였으며, 이러한 예외를 제외하고는 사적인 목적으로는 대부분 카카오톡을 사용하고 있었다.

연구 참여자들이 카카오톡을 이메일에 비해 더 선호했던 가장 큰 이유는 즉각 메시지를 주고받을 수 있다는 점이며, 이러한 서비스가 무료로 제공된다는 점이다. 이를 통해 온라인과 모바일 커뮤니케이션의 차이에 피드백의 속도를 결정하는 '즉시성'이 중요한 요소로 자리 잡고 있다는 점을 알 수 있었다. 다시 밝히자면, 연구 대상자 50명을 선정할 때 카카오톡 설치여부는 고려되지 않았다.

"전화나 문자는 무음으로 해 놓는 경우가 많은데, 그럼 연락을 바로 못 받게 되는데 카톡은 자주 확인하니까 메시지 남겨 놓으면 바로 답해 줘요. 친구들이랑도 반에서 6명이랑 연락하는데 단체카톡으로 일일이 안 보내고 다 같이 연락해서 한 번에 보내고" (10대, 여)

그렇다면 SMS의 경우는 어떻게 설명할 수 있을까. 단지 카카오톡이 무료 메시지라는 점 때문에 SMS의 사용량이 급격히 줄어든 것일까? 변수 간 상관관계 분석을 통해서도 SMS 사용정도와 다른 변수 간의 유효한 관계를 찾기는 어려웠다. 그러나 다수의 응답자가 SMS보다 카카오톡을 통한 소통이 더 대화에 가깝다고 설명했다. 즉, 실제 대화처럼 편안하고 친밀함이 느껴진다는 것이다. 이는 연구목적에서 논의한 '이차적 구술성'의 중요한 특징이 드러나는 대목이다.

> "문자는 글자 제한이 있잖아요, 그런데 카카오톡은 길게 길게 써도 되니까 감정표현도 더 많이 할 수 있고요 이모티콘 같은 것도 쓰고요 … 카카오톡에 있는 이모티콘이 제 기분 그 자체예요." (10대, 여)

결과적으로 이메일, IM이나 SMS를 통한 소통에 비해 카카오톡이 더 친밀한 대화를 나누기에 적합한 채널로 여겨지며 그러한 중요한 요소로 즉시성과 이차적 구술성이 자리 잡고 있다고 할 수 있다. 이에 대한 상세한 분석은 각 요소의 해당 절에서 실시할 것이다.

기초분석의 마지막으로, 연구 참여자들이 카카오톡이 아닌 타 매체에 의존하는 비율이 높을 경우 카카오톡 사용량이 적어지는지 알아보고자 한다. 이를 위해 카카오톡 사용정도와 다른 커뮤니케이션 미디어 이용 간의 상관관계를 〈표 4-2〉에 제시하였다. 전화통화기능 이용과 이메일 사용정도는 카카오톡 이용과 음의 상관관계$p<0.01$를 보였다. 즉, 컴퓨터를 통한 소통과 문자이용의 상당 부분이 카카오톡으로 대체 혹은 확장되었고, 카카오톡 사용량이 적은 사용자는 전화나 이메일 사용량이 더

많다고 할 수 있다. 실제 인터뷰 결과, 연구 및 교육직에 종사하는 40대의 경우 카카오톡을 거의 사용하지 않고 이메일 사용비중이 높다고 응답했다.

통화수가 많을 경우는 연락처 수와 $0.570_{p<0.05}$으로 양의 상관관계, 카카오톡과 $-0.406_{p<0.01}$의 값을 보여 음의 상관관계가 나타났다. 이는 전화량이 많은 사용자들이 연락처 수가 많은 경향이 있었지만, 전화량이 많은 경우에는 카카오톡 사용이 줄어드는 경향을 반영하고 있다. 실제 인터뷰 결과 역시 전화통화를 선호하는 경우 카카오톡 사용비중이 낮은 것으로 나타났다. 이는 빠르고 직접적인 전화통화 이용을 선호할 경우에는 문자입력을 해야 하는 카카오톡 이용이 번거롭게 느껴지기 때문이었다.

고학력 전문직 남성들이 연락처 수가 많은 것으로 나타나 학력·직업과 연락하는 사람의 폭이 유의미한 관계가 있음을 알 수 있다. 연락처 수는 성별과 $-0.307_{p<0.05}$로 여성에 비해 남성이 연락처를 많이 가지고 있었고, 혼인상태는 $-0.530_{p<0.05}$으로 결혼을 한 사람이 더 연락처가 많은 경향이 있었으며, 최종학력은 $0.340_{p<0.05}$으로 학력이 높을수록 더 많은 연락처를 보유하는 경향이 있었다. 이는 사회생활을 하는 고학력 기혼 남성이 대체로 다른 비교집단에 비해 다양한 사회적 관계를 맺고 있고, 공적 업무로 인한 관계의 폭이 넓었기 때문이며, 이들은 대체로 전화를 선호하는 경향을 보였다.

표 4-2 변수 간 상관관계

	연령	성별 (1=남성, 2=여성)	혼인상태 (1=결혼, 2=기타)	자녀의 수	도시/지방	최종학력	연락처 수	어플 수	SMS 수	통화 수	휴대폰 사용 정도 (4점척도)	e-mail 사용정도 (5점척도)	IM 사용정도 (5점척도)	카톡 사용 정도 (4점척도)
성별	-0.031 0.831	1												
혼인상태	-0.460* 0.001	0.124 0.531	1											
자녀의수	0.392 0.076	0.333 0.290	0.577* 0.049	1										
도시/지방	0.138 0.251	0.047 0.746	-0.101 0.637	0.193 0.549	1									
최종학력	0.602** 0.000	0.339 0.079	-0.471** 0.001	-0.196 0.541	0.168 0.243	1								
연락처 수	0.276 0.052	-0.307* 0.030	-0.530** 0.000	-0.560 0.058	-0.158 0.274	0.340* 0.016	1							
어플 수	0.005 0.970	0.084 0.561	0.052 0.718	-0.302 0.340	0.130 0.370	-0.168 0.243	0.131 0.365	1						
SMS 수	-0.084 0.561	0.100 0.491	0.067 0.646	-0.157 0.625	-0.082 0.571	0.121 0.404	-0.056 0.697	-0.006 0.966	1					
통화 수	0.170 0.237	-0.142 0.325	-0.229 0.110	-0.240 0.453	-0.061 0.676	0.177 0.220	0.570** 0.000	0.181 0.208	-0.133 0.358	1				
휴대폰 사용	-0.089 0.540	0.013 0.931	0.092 0.527	-0.110 0.734	-0.020 0.893	-0.146 0.312	0.081 0.574	0.205 0.153	-0.065 0.655	0.028 0.850	1			
e-mail 사용	0.259 0.070	-0.112 0.440	-0.324* 0.022	-0.733* 0.007	0.340* 0.016	0.511** 0.000	0.338* 0.017	-0.092 0.523	0.201 0.161	0.059 0.684	-0.122 0.398	1		
IM 사용	0.134 0.355	-0.141 0.328	-0.262 0.067	-0.636* 0.026	-0.171 0.236	0.376** 0.007	0.079 0.588	-0.114 0.433	0.187 0.194	-0.021 0.883	0.000 1.000	0.209 0.146	1	
카톡 사용	-0.259 0.070	0.132 0.363	0.338* 0.016	0.154 0.632	-0.480** 0.000	-0.463** 0.001	-0.192 0.182	0.062 0.669	0.117 0.420	-0.406** 0.004	0.260 0.069	-0.453** 0.001	-0.010 0.945	1

*p<0.05, **p<0.01

59

2. 카카오톡의 즉시성

2.1 즉시성의 형성

의사소통에 있어 대화 참여자가 서로 즉각적인 반응을 한다는 것은 지속적인 상호작용이 이루어지고 있다는 가장 확실한 표면적 증거이다. 즉시성이란 사용자가 상대방과의 대화에 몰입한 정도에 따라 증가할 수 있으며, 동시에 사용자가 가상대화에 현실처럼 몰입할 수 있도록 하는 중요한 기제이기도 하다. 즉, 면대면 관계가 아닌 매체를 통한 소통에서, 즉시성은 상호작용의 결과뿐 아니라 원인이 되기도 한다. 기술력의 향상은 가상대화 참여를 편리하게 하고, 다른 한 편으로는 공동체 내의 가상대화에 참여할 의무가 생기는 상황을 만들기도 한다. 적어도 현대 사회의 의사소통은 기술이 시간과 장소의 제약에 따른 속도의 한계를 제거했기 때문에, 이제는 기술의 사용자가 그 속도에 민감하게 반응하는 데 더 세심해져야 하는 상황이 되었다.

친밀한 관계에서 가상대화에 참여할 때는 높은 관심과 자발적 참여로 즉시성이 자연스럽게 높게 나타날 수 있지만, 그 외의 관계에 있어서는 가상대화 참여 동기와 자발성의 정도에 따라 반응과 참여 속도가 다르게 나타날 것이다. 친밀관계가 아닌 경우, 대표적으로 공적인 관계에 있어 빠른 정보전달과 기민한 대인과의 의사소통 및 대응은 사회 성원으로서 인정받고 경쟁사회에서 생존하기 위해 암묵적으로 요구된다. 즉시적인 응답은 빠른 속도의 생활방식과 소통에 익숙해진 현대인들에게 더욱 당연한 것이 되어 가고, 다수의 카카오톡 이용자는 타인과의 관계에 빠르게 반응하고, 집단의 소속을 유지하고자 그리고 이러한 사회적 행위를 드러내기 위해 가상대화를 이용하고 있었다.

그렇다면 카카오톡에서 사람들을 대화에 참여하게끔 하는 즉시성은 어떤 과정을 통해 형성되고 강화되는 것일까? 가상대화에 참여하는 개인은 남에게 '보여지는 나'와 '대화를 통해 관계를 맺는 나'로 나누어 볼 수 있을 것이다. 이 중 가상대화의 시작과 참여를 유도하는 데 있어 전자인 '보여지는 나'는 중요한 역할을 한다. 이는 타자의 자아에 대한 인지를 통해 무관심한 상호작용에서 인지적인 참여를 보이는 집중된 상호작용으로의 변화를 가져올 수 있다.

개인들은 가상공간에 자신이 투영된 가상의 자아를 설정하고 모바일 공간을 인지하는 과정을 거친다. 이는 나와 타인의 존재를 인지하는 사회적 지각의 절차와 일치한다. 이러한 과정에서 타인과 친밀성을 형성해 나가기 위해서는 이론적 논의에서 나타난 바와 같이 점진적 과정이 필요하며, 즉각적인 커뮤니케이션즉시성을 통해 면대면 수준으로 친밀성이 확대되기 위해서는 우선적으로 해당 구성원들의 신뢰가 바탕이 되어야 한다.

모바일 공간에서 신뢰가 형성되는 과정은 일반 면대면 관계에 비해 관찰자가 대상을 관찰하게 되는 시각적인 요인에 의해 크게 영향을 받는다. 공유하는 공간에서의 지속적인 자기 전시를 통해 타인에게 믿음을 주고 신뢰를 쌓는다. 타인에게 자신을 공개하고 이로 인해 프라이버시를 노출시켜 상대방의 관심을 끌게 되고, 이로 인해 서로에 대한 대화를 더욱 촉발시키고 '공유'된 정서를 가능케 한다. 즉, 흔히 타인과 공유하지 않는 것으로 생각하는 사생활을 서로 나눔으로써 공유된 정서를 형성하는 다소 모순적 측면이 존재한다. 바우만이 근대의 유동적인 삶이 집합적 정서가 해체되면서 개인들의 정체성만 남게 되었다고 했다면

Bauman, 2000, 역으로 이러한 정체성은 새로운 의사소통 방식의 기본 단위로 개개인의 플랫폼이자 얼굴이 되었다고 볼 수 있다.

카카오톡은 자기 전시의 장소로 사용되어 사용자의 일상과 상태를 업데이트할 수 있다. 싸이월드에 미니미아바타와 동일와 프로필 사진, 남김말이 있었다면 카카오톡 역시 아바타는 아니지만 프로필 사진과 상태 메시지를 통해 자신의 상태를 지속적으로 업데이트할 수 있고, 카카오스토리라는 연동 소셜 네트워크 서비스를 통해 자신의 개인적인 사진을 친구공개 혹은 전체공개로 포스팅할 수 있으며 이 사진들은 카카오톡과 연동되어 프로필을 클릭하면 앨범처럼 함께 공개된다.

SMS와 카카오톡은 모두 메시지를 주고받기 위한 것이지만 사용자 환경user interface에서는 분명한 차이를 보인다. 실상 카카오톡이 SMS에 비해 더 편리하다는 주장은 설득력이 떨어질 수 있다. 최초로 메시지를 전달하기 위해 카카오톡을 실행하고 친구를 검색해서 메시지를 보내는 일련의 과정은 SMS와 크게 다르다고 보기 어려우며 오히려 등록과 실행을 위한 몇 단계를 더 거치게 되거나 익숙하지 않은 인터페이스에 노출되어야 하는 위험도 안고 있기 때문이다. 그럼에도 카카오톡을 사용하는 이유는 상대방의 가상공간에 접속하여 메시지를 보냄으로써 상대방에게 친밀성을 느낄 수 있고 심리적 거리감을 줄일 수 있다는 측면에 있다.

10대 참여자들은 특히 카카오톡 사용량이 굉장히 많고 이에 많은 시간을 소비하는 것으로 나타났는데, 자신의 상태를 지속적으로 업그레이드하면서 보여지는 자아에 대한 관리를 지속적으로 하고 있는 것으로 나타났다. 이는 고프만Goffman, 1959의 연극하는 자아와 같이 일상의 퍼포먼스 개념이 디지털 공간으로 연장되었다고 볼 수도 있을 것이다.

"하루에도 몇 번씩 카카오톡 프로필 사진을 바꿔요. 제 사진일 때도 있고 아니면 아이돌(연예인) 사진일 때도 있고, 기분에 따라서 계속 바꿔요."(10대, 여)

"동생이랑은 서로 상태 메시지 보기 싫어서 카톡으로 잘 연락 안하기도 해요. (동생이) 중2병이란 말이에요. 좀, 사춘기의 다른 말인데. 상태 메시지가 되게 오글거려요, 까만색 배경으로 하고, '나는 어둠속을 헤매고 있는' 막 그런 걸로 해 놓으니까. (웃음) 동생은 제가 연예인 사진 해 놓으니까 보기 싫다고 하고. (웃음)"(10대, 여)

대부분의 사용자들은 카카오톡 프로필에 자신의 사진이나 현재 신변과 관련된 사진여행간 곳, 최근에 관심 있는 것들을 올린다. 누가 접근할지 일일이 제어하기 어려운 공간에 자신의 사진이나 근황 등을 올린다는 것은 생각보다 큰 의미를 가진다. 가상세계에서 자신을 노출시킨다는 것은 그 공간에서 사람들에게 관심받기 위한 것 이상을 의미한다. 누군가 자신의 상태를 볼 것을 전제하고 오히려 그것을 이용해 안부를 전하는 데 이용하는 것이다. 시스템에 대한 기본적 신뢰를 바탕으로 스스로의 정보나 상태를 공개해야 상대방도 이러한 신뢰의 시스템 내에 함께 참여하는 것이 가능한 것이다.

"파워블로거가 잘 되는 이유를 봐도 그 사람들은 자기의 사생활을 정말 다 공개하잖아요. 그만큼 그걸 보는 사람들은 그 블로그의 내용을 신뢰하게 되는 거고. 그렇게 자기 것을 먼저 다 보여줘야 이쪽에서도 믿게 되는 것 같아요. … 이제 우리는 그런 자기 정체성을 보여주기만 하는 시기는 지나간 것 같아요, 그걸 가지고 이제 서로 이야기하기 시작하는 시대로 변한 거죠. … 불편한 사람이 생기면 저는 오히려 그 사람을 차단하지 않아요. 일단 누군지 알아야 피할 수 있고 내가 (그 사람) 상태를 알아야 대응할 수 있으니까 오히려 알고 있어야죠. 그냥 대화를 계속 걸어오면 지운다거나 신경 쓰지 않는 거죠." (20대, 여)

"프로필 사진이나 카카오스토리에 연동되어 있는 사진들 이런 게 되게 중요한 것 같아요. 이런 아인지 전혀 몰랐다가 어떤 책이나 이런 걸 읽고 사진이랑 글 올려놓은 걸 보면 내가 생각한 것보다 더 깊이가 있는 애였구나 하고 놀랄 때도 있고, 나 자신도 남들이 봐주길 원하는 사진, 행복해 보이는 사진 이런 것들 찾아서 업데이트하죠. 결혼하고 나서는 결혼식 사진 같은 거 올려서 직접적으로 연락하지 않아도 상태 알 수 있도록 해 두고" (30대, 남)

"연락할 수 없을 때나, 이럴 때 카톡에 (상태 메시지) 남겨두죠. 그럼 굳이 일일이 연락할 필요가 없어요. 다들 제 상태를 확인할 수 있고, 또 어차피 저한테 연락하거나 궁금해할 사람들은 대부분 나랑 친한 사람들일 테니까요." (30대, 남)

사용자에 대한 높은 친밀도는 가상대화에 현실처럼 몰입하여 빠른 즉시성을 보일 수 있게 한다. 모바일 플랫폼은 PC 이용에 비해 시공간 제약이 없는 상태로서 항상성을 갖는데, 이 때문에 자기공개를 더 많이, 자주 하면 상대가 더 나의 정보에 자주 노출되고 친밀함을 가질 수 있는 가능성도 높아진다. 마찬가지로 모바일 공간 그리고 소통하는 사람들과 친밀감을 느낄 경우 더욱 적극적으로 자신의 사생활을 노출하기도 한다. 수시로 업데이트되는 상대방의 카카오톡 상태는 저쪽에 누군가 항상 접속해 있다는 느낌을 줌으로써 문자보다 더 대화 같으면서 매체를 통한 대화의 단절을 덜 느끼게 되고 이는 곧 빠른 피드백을 이끌어낸다.

> "일단 여기서 대화를 하는 건 서로 어느 정도 알고 시작하는 게 되니까 거리감이 덜하죠. 문자보다 더 친근한 느낌이 들고. 그리고 (카카오스토리) 연동된 사진들 보면서 근황을 알 수 있으니까 대화 전에 기본적으로 해야 할 절차를 생략할 수 있게 되고 … 그리고 사람들이 뭐하는지 사진 몇 장 가지고도 다 알 수 있으니까 자주 연락을 못 해도 그래도 내가 이 사람을 알고 있다 하는 느낌이 들고." (20대, 여)

20대 과외교사의 경우는 학생, 부모님과 연락하기 위해 적극적으로 가상대화를 사용하고 있었다. 기술적으로 문자보다 더 속도가 더 빠르다고 볼 수는 없지만 무료이기 때문에 문자보다 학생들이 편하게 생각하기도 하고, 관계의 거리감이 덜 느껴지기 때문에 카카오톡 사용을 선호한다고 응답했다. 해당 사용자는 개인 일정 이외의 시간에 여러 학생들을 가르치고 있기 때문에 변동사항이 있을 경우 바로 체크해서 피드백을 해야 하는데 이를 위해 카카오톡을 이용하고 있었다. 이렇게 시작된 카카오톡 대화는 사용자와 타인과의 관계가 지속되는 동안 계속 유지되는 경향을 보이고 있었다. 대화내용이 학생과 학부모님별로 남아있어서 체크하는 데 SMS보다 개인적으로 더 편리하다고 응답하여, 이는 카카오톡 대화가 시작되고 난 이후에는 카카오톡을 통해 대화 그룹을 관리하는 것을 선호하게 된 것으로 풀이할 수 있다.

"아무래도 학생들을 가르치다보니까 시간변동이 많아요. 어머니들이 주로 연락을 주시기도 하지만 아이들도 스케줄이 있고 그러면 서로 조정해야 하고 하니까 카카오톡 많이 오고 저도 여러 학생을 관리해야 하니까 (카톡으로) 얘기하고 또 여기(스마트폰)에 (일정을) 바로 저장하고 그래요. 또 아무래도 학생들이다보니까 물어보는 것 있으면 바로바로 대답도 해주고." (20대, 여)

다음으로, 카카오톡 사용으로 상호작용의 즉시성이 증가하는 측면을 고려할 수 있다. 대화 상대에 대한 인지와 상호관심, 정서적인 공유가 이루어지면서 그룹 대화가 활성화되고 이로 인한 의사소통의 즉시성이 증가하고 관계의 친밀성이 형성된다. 연구에 참여한 한 30대 직장인 남성의 경우 일과 관련된 단체 채팅창이 개설되어 있었다. 이메일 등 다른 연락 수단도 사용하지만 카카오톡을 더 많이 사용하는 이유에 대해 '즉시성'과 이를 바탕으로 한 단체 간의 '친밀성' 증가를 이유로 꼽고 있다.

"(카카오톡) 그룹은 총 4개구요. 한 개는 친한 친구 그룹, 하나는 회사 동기 그룹 나머지 두 개는 회사 부서 그룹이네요. 친구 그룹은 가끔 소식 묻는 게 전부이고, 동기나 회사 그룹은 거의 매일 업무 관련이요 뒤에 세 가지(채팅창)는 휴일 빼고 다 본다고 생각하면 될 것 같아요. 이메일은 일방적이고 상대방의 의사를 바로 알기 힘든 반면, 그룹채팅은 바로 상대방 반응이나 답변을 들을 수 있어 업무적으로 빠른 대응이 가능한 거 같아요. 친하지 않아도 공적인 입장에선 그룹에 속해야 하는 부분도 있죠. 개인적인 면에서든 공적인 업무부분에서든 어느 정도는 (영향을) 미친다고 생각해요. 공적인 그룹이라도 사적인 얘기가 오가기도 하니까요. 그러다 보면 내가 몰랐던 상대방의 사소한 것들도 알게 되니까요." (30대, 남성)

각자의 목적이 분명하게 드러나는 참여자들의 가상대화 사용은 상호 관계에서 어떻게 자신들이 속한 공동체를 유지해 나가고 그 안에서 소통해 나가는지 그대로 보여주고 있다. 직장에서의 협력, 가족들과의 경조사 사진 전달, 친구들과의 일정 조정 및 안부 묻기 등 카카오톡 채팅 중 개인대화만큼 그룹채팅도 활발하게 다양한 목적으로 이루어지고 있어 일상의 조율과 대화를 통한 결속의 강화를 위해 카카오톡이 사용되고 있는 것을 볼 수 있었다.

2.2 새로운 연결 방식으로서의 즉시성

사회적 연결과 집단화grouping는 인지적 실체이다. 사람들은 인지적 관계에 의해 구성원 간에 연대한다. 우리는 소속집단의 연결 목적에 '상징성symbol'을 부여한다. 집단에 대한 유사한 이미지를 물리적으로 멀리 떨어진 구성원들과 공유하여 '소속감group-ness'을 형성하고 유지한다. 의례적 행동 역시 이와 같은 역할을 한다. 이는 집단에 대한 동일한 이미지를 공유하고 참여를 통해 타인과 유대를 형성하고 강화하며 의례화된 "인지적 결합"을 확인한다Chayko, 2008. 즉 구성원들은 멀리 떨어져 있지만 사고의 공유를 통해 그리고 의례적 참여를 통해 인지적으로 결속된 형태를 유지할 수 있다.

소위 초기 넷세대들에게는 패션으로, 유행으로 개인 휴대폰을 소지하고 꾸미며 친구들에게 개성을 표현하는 것이 친교의 방법이었다면 Henderson, Taylor, Thomson, 2007, 이제는 이렇게 형성된 자신들의 정체성을 기반으로 친구들과의 정보공유와 소통을 위한 지속적 '연결'이 더 중요해졌다. 과거에는 노동자 되기, 결혼이 공적 영역의 진입을 위한 즉, 청소년기에서 성인기로 넘어가는 관문이었지만Habermas, 1989; Henderson *et al.*, 2007 재인용 현재는 학생 신분의 유지 기간이 길어지고, 청년실업이 문제시되며 취업 후에도 부모로부터의 재정적 독립 시기가 늦어지면서 '성인adult'이 되는 시기가 불분명해지고 있다. 이로써 위계화된 방식보다 개인화되고 파편화된 방식으로 개인의 삶이 재구성되고, 사회에 자연스럽게 편입되는 견고한 시스템이 무너지면 타인과의 관계에 더욱 집중하고, 스스로 이를 관리하는 것이 중요해졌다. 정보통신기술은 사적 영역과 공적 영역을 오고가며 물리적 공간과 사회적 공간을 함께 구성할 수 있도록 이들의 관계의 지형을 재조직하는 데 영향을 주고 있다 Henderson *et al.*, 2007.

이러한 새로운 형태의 결속은 '대화'를 통해 이루어질 수 있다. 세넷Sennett, 2012은 함께 살아가기 위한 방법으로 상대방의 말을 '경청'하기와 '대화'가 공동체를 이룰 수 있는 협력의 키워드라고 강조한다. 변화해 가는 관계 지형의 중심에 모바일을 통한 지속적인 커뮤니케이션은 타인들과 함께 속해 있는 공동체에서 개인들이 어떻게 이러한 의례에 참여하고 유대를 강화하며 사회적 관계를 유지하는지를 보여준다. 앞서 논한 이론적 중심요소들은 일상화된 대화를 통해 개인들의 유대를 강화하고 공동체에서의 역할을 조율해 나가는 데 중요한 역할을 한다. 물리적 거리를 초월해 대화를 나누는 사람들은 서로 강하게 결합되어 있거나 밀접하게 연결되어 있다고 느끼게 되고Chayko, 2008, 면대면 대화와 같은 친밀성을 공유한다.

한국의 휴대폰 소지는 단순히 유행이나 과시의 대상으로 보기 어렵다. 그들에게는 '연결'이라는 요소가 당연하고 필수적인 것으로 여겨지고 있고, 이는 새롭게 형성된 사고체계로 볼 수 있다. 연결된 세계에서 분리됨은 정보의 손실, 뒤떨어짐, 사회적 관계에서의 소외, 일상이나 일의 차질 등 기저의 부정적 감정들과 깊게 연관되어 있다.

성인이 된 연구 참여자들의 경우, 소수의 초기 채택자early adopter들을 제외하고는 자신들의 생애 첫 휴대폰 구매의 이유를 '모두들 가지고 있었기 때문에 본인도 필요했다' 라고 일괄적으로 들고 있다. 연락 방식에서 소외되는 것에 대한 불안감은, 남들만큼 빠른 속도로 모바일 연락 채널에 접속하도록 만든다. 취업을 준비하는 경우 정보를 얻을 수 없을까봐, 중장년층의 경우는 친구들과 소원해진 연락을 자주하기 위해서, 어린 친구들의 경우는 모든 친구들이 들어가 있는 단체 카톡에서의 소외가 싫어서 등 개인주의가 발달해 가고 있다고는 하지만 공동체 중심 문화의 한국의 경우 더욱더 그러한 불안과 위기감이 존재한다.

"부모님이 일부러 안 사주는 친구들도 있죠. (스마트폰) 있는 애들끼리는 다른 애들이랑 스마트폰으로 게임도 바꿔서 하고 쉬는 시간에는 애니팡 같은 거 서로 점수 올리고 경쟁하고 하는데 걔네들이랑은 별로 할 얘기가 없어요. 그럼 아무래도 따로따로(스마트폰 사용자와 피처폰 사용자가) 놀게 되기도 하고, 매점 같은 데 갈 때도 단체 카톡으로 보내는데 그 친구들은 빠지게 되죠. 따로 연락까지 하긴 귀찮고, 필요하면 (그 친구들이) 사야죠."(10대, 남)

"평소에 휴대폰 자주 확인하는 편이에요. 문자나 뭐가 왔나, 보기도 하고 사실 아무것도 안 왔어도 자꾸 만지게 되요. 쓸데없는 줄 알면서 카톡 들어가서 사람들 프로필 한번 쭉 보고 또 보다가 관심 가는 사진 있으면 클릭해서 또 들여다보고. 단체 카톡은 너무 많이 울려서 진동으로 해 놓지 않았는데 그러니까 더 자주 확인하게 되고, 자꾸 보게 돼요. 한참 동안 확인을 안 하면 (알림이) 잔뜩 와 있어요. 여기에 매여 있다는 걸 아는데 그래도 계속 확인하게 돼요. 또 단체 카톡 같은 경우는 취업 준비 때문에 정보도 얻어야 되고, 내가 여기 없으면 나만 정보를 못 얻을까봐 그런 불안감도 있구요. 저는 그게 제일 큰 것 같아요. 이제 다시 피처폰을 쓰고 싶어도 그럴 수가 없더라고요. "(20대, 여)

이와 같이 한국에서는 스마트폰 사용과 같은 빠른 매체의 습득이 사회에서 분리되지 않으려는 문제와 깊이 연관되어 있음을 볼 수 있다.

온라인 접속은 과거 공동체에 비해 접근성에 있어 급격한 향상을 가져왔지만 공식적인 부재상태가 가능했다. 예를 들어, 먼 거리에 있는 타인에게 이메일을 보내 즉각적인 접속을 시도할 수 있지만, 그 타인은 즉각적으로 답변해야 할 의무나 필요성으로부터 상당히 자유로웠다. 이러한 점에서 면대면 대화에서처럼 상대방 이야기에 실시간으로 귀를 귀울이고 반응해야 할 필요성, 즉 소통의 즉시성이 약했다. 반면, 모바일 공간은 항시적 접근성이 일상화된 상태에서 자신의 생활패턴과 요구에 맞게 이용하면서 사생활을 이에 맞춰 관리하는 것이 중요해졌다. 온라인 공간에서 메신저나 이메일을 이용할 때 '부재중'이라는 상태표시가 유효했다면 모바일 공간에서는 '방해금지모드'[2]가 유효해졌다. 이에 따라 더 세심한 방식의 의사소통 방식이 등장하기도 한다.

카카오톡 메시지를 받았을 때 대부분의 연구 참여자가 많이 신경 쓰는 부분은 상호 메시지 수신 여부를 파악할 수 있다는 점이다. 상대방이 메시지를 확인하고 바로 연락을 하지 않는 경우는 서로의 관계를 불편하게 만들 수 있기 때문에 더욱 빠른 답변을 요구하게 되고, 따라서 문

---

2) 방해금지모드란 모바일폰 사용자가 의도적으로 전화나 메시지를 포함한 애플리케이션의 알람을 수신하지 않도록 설정하는 것이다. 그러나 상대방은 이를 정확히 통지받지 못하므로 고의적인 회피라기보다는 연락이 닿지 않는 상태로 인지할 수 있다.

자보다 카카오톡을 사용할 경우 더 답장에 대한 강제성이 부여되기도 한다. 이로 인해 암묵적인 규율이 생기게 되는데 메시지가 올 경우 바로 답장을 하는 게 '예의'라거나 상대방이 기다리는 것을 원치 않아서 혹은 상대에 대한 피드백이 늦은 사람으로 '낙인' 찍히는 것을 원치 않아서 빠르게 답변을 해 준다고 대답했다. 한편, 긴 대화를 원치 않는 경우에는 일부러 늦은 피드백을 보내기도 하여 대화에 있어서 관계의 선을 긋는 모습도 나타났다.

"(제자가) 메시지를 받고 확인을 했는데 바로 연락을 안 해 줘서 (제자의) 여자친구가 헤어지자고 했다고 상담을 하더군요. 남녀관계에서 이런 부분이 예민해지는 것 같아요." (20대, 남)

"나도 기다리면 싫으니까 상대방도 (내가 연락 안 하면) 기다리겠지 해요. 아무래도 늦게 보내거나 답이 없는 사람은 항상 그런 편인데 친구들 사이에서도 다 그렇게 생각하죠. 저 언니는 늦게 답을 보내는 언니. 친구들보다 가정(챙기는 것)이 더 중요한가 보다. 웬만하면 바로 보내려고 그래요." (50대, 여)

"휴대폰이라는 게 바로 연락하라고 있는 건데 연락을 안 받거나 바로 답을 안 해 주면 상대방에 대한 예의가 아니죠." (20대, 남)

"좀 친한 사람이면 바로바로 답장해 주는 스타일이고, 어색하거나 거리 두는 사람들은 여유 있을 때 답 살짝 해 주곤 해요. 너무 길게 하면 바로 답장 오니까. 바로 답장해 주면 바로 또 답장 오니까 (제가) 또 답장을 해야 할 것 같아서. 딜레이가 있으면 편하니까." (10대, 남)

이처럼 카카오톡이라는 모바일 메신저 사용은 장기적으로 보았을 때 커뮤니케이션 매체가 변화해 가는 과도기의 일부분일 수도 있지만, 현재로서는 일상생활에 파고든 개인적·사회적 연락 기능이 무시할 수 없을 정도로 광범위하게 퍼져 있다. 대거 늘어난 카카오톡 사용은 단순한 유행이라기보다 개인주의 속에서도 집단이나 공동체에 속하고자 하는 사회성의 발현으로 소속집단에서 배제될 경우의 불안감을 없애고자 하는 노력이며, 한편으로는 이러한 연락방식은 빠른 피드백이나 적절한 응답방식을 요구하는 개인 간 새로운 소통 에티켓으로 인한 긴장관계도 유발하고 있었다.

2.3 사회인구학적 특성에 따른 즉시성 정도

그렇다면 이러한 즉시성의 경우 집단에 따라 높고 낮음의 차이를 보이는 것일까? 기존 연구에 따르면 빠른 응답이나 긴밀한 연결은 물리적 거리와 더불어 이른바 상호작용의 '리듬'을 공유하는 경우 시간대에 따라 더 활발히 일어난다고 한다Golder *et al.*, 2007. 본 연구 대상자들의 특성에 적용해 보자면, 생활패턴이 거의 비슷한 고등학생들끼리, 혹은 같은 직장에 다니면서 근무하는 직장동료들끼리 생활패턴에 따라 더욱 연락을 하게 되는 순간들이 집중될 수 있다. 고등학생들의 경우 수업 중 계속 메시지를 보내기도 했지만 학교 정기수업과 과외활동이 끝나고 나서 집으로 돌아오는 길과 집에 돌아와서 잠들기 전까지 친구들과 카카오톡 등을 통해서 새벽 늦게까지도 연락을 주고받는다고 응답했다. 직장인들의 경우는 직장 내에서 지속적으로 정보를 업데이트하고 사적인 이야기들도 같이 나누면서 퇴근 전까지 직장 내에서 면대면 대화 대신, 혹은 면대면 대화의 보조적인 커뮤니케이션 수단으로 이용하는 경우가 많아 동일한 생활리듬을 가진 경우의 상호작용은 공유되기 쉽고 피드백도 더 쉬울 수 있다는 측면을 보여준다.

> "학교에 있는 동안은 아예 가지고 가지 않아요. 가지고 갈 때는 그냥 음악 듣는 용도로만 쓰고 데이터(인터넷)를 꺼놔요. 지금은 공부도 해야 하고. 대신 학교 끝나고 학원 끝나고 집에 가서 새벽에 친구들이랑 연락하고 그렇죠. 다들 공부하느라 늦게 자니까 연락 다 되고, 학교에서는 전혀 안 써요." (10대, 여)
>
> "친한 친구들끼리 오히려 더 늦게 대답할 때도 있죠. 다들 일하고 바쁘니까. 대신 확인하면 바로 보내고, 대화가 끊어지면 그 다음날 시간 될 때 답장이 다시 오기도 하고. 그래도 친한 사이니까." (20대, 여)

다음으로 인구사회학적 변수에 따른 차이점을 고려해 볼 수 있다. 카카오톡을 자주 이용하는지, 수시로 확인하는지에 대한 참여자들의 응답을 점수화하여 인구사회학적 특성에 따라 구분하여 평균을 내어 〈표 4-3〉에 제시하였다. 그 결과 생활패턴 외에도 연령, 학력, 성별 등의 요소들에서 차이가 나타났다. 연령은 낮을수록, 성별은 여성일수록, 학력은 낮을수록 즉시성이 높은 경향을 추론할 수 있었다.

자세히 살펴보면 참여한 10대 사용자들은 참여자 전원이 3점_{평균 3점}으로 카카오톡을 수시로 확인하며, 20대와 50대의 경우도 자주 사용하거나 수시로 확인하는 것으로 볼 수 있다. 여성이 평균 2.58점으로 남성의 평균점수 2.38에 비해 근소한 차이로 사용빈도가 높은 것으로 나타났다. 학력은 연령과 마찬가지로 고등학교 재학 중인 경우 수시로 확인

하는 것으로 나타났으며, 석사 이상의 고학력자의 경우 1점으로 가끔
이용하는 것으로 나타나 이용빈도가 두드러지게 낮았다. 유배우자에 비
해 배우자가 없는 경우 조금 더 자주 이용하는 것으로 나타났고, 기혼일
경우 자녀의 수는 1명일 때보다 2명일 때 더 사용이 많은데, 이는
30~40대 사용자들의 사용 점수가 낮은 것과도 연관되는 부분이다. 지
역은 서울지역 거주자가 서울근교 거주자에 비해 비교적 높은 사용빈도
를 보이는 것으로 나타났으나 전체 참여자 중 서울근교 거주자가 12%6명
밖에 되지 않아 크게 유의미하다고 보기는 어렵다.

표 4-3 카카오톡 이용 평균(0~3점)

		관측값	평균	표준오차	최소	최대	F	P-value
연령	10대	8	3.00	0.00	3	3	2.86	0.0341
	20대	18	2.61	0.50	2	3		
	30대	15	2.27	0.70	1	3		
	40대	6	1.83	1.47	0	3		
	50대	3	2.67	0.58	2	3		
성별	남	26	2.38	0.90	0	3	0.85	0.3625
	여	24	2.58	0.58	1	3		
학력	고등학교 재학	8	3.00	0.00	3	3	7.23	0.0001
	고졸	9	2.56	0.73	1	3		
	대졸	21	2.48	0.51	2	3		
	석사졸	8	2.63	0.52	2	3		
	석사 이상	4	1.00	1.41	0	3		
결혼여부	결혼	11	2.00	1.18	0	3	6.18	0.0164
	결혼 이외	39	2.62	0.54	1	3		
아이의 수	1명	6	1.83	1.17	0	3	0.24	0.6321
	2명	6	2.17	1.17	0	3		
지역	서울지역	44	2.61	0.65	0	3	14.33	0.0004
	서울근교	6	1.50	0.84	0	2		
전체		50	2.48	0.76	0	3		

주 : 0점-이용 안 함 /1점-가끔 이용 /2점-자주 이용 /3점-수시로 확인

〈표 4-3〉의 결과를 보면 여러 변수 중 연령별 특징이 두드러지게 나타났다. 우선 카톡 이용 평균이 가장 높은 10대를 보면, 어린 시절부터 인터넷이나 휴대전화와 같은 매체를 통한 커뮤니케이션에 익숙한 디지털 키드의 사회적 교류에 모바일이 중요한 대화채널이 되었음을 알 수 있다. 연구에 참여한 청소년들 대부분 휴대폰을 가지게 된 계기로 학원과 같은 과외 활동이 많아 귀가 시간이 늦어지는 학생과 부모님의 원활한 연락을 꼽았다. 그러나 부모님과의 연락 외에 청소년들이 휴대폰을 가지고 싶어했거나 혹은 현재 가장 많이 사용하는 용도는 또래집단과의 연락이 가장 컸으며 빈도와 몰입에 있어서는 부모와의 연락을 넘어섰다.

개인이 휴대전화번호를 소유한다는 것은 부모로부터 독립적인 연락 채널을 갖게 된다는 의미이면서 동시에 성인으로서 공식적으로 공적 공론장에의 참여를 겪지 않는 현 청소년들이 사적인 채널의 보유를 통해 어른으로의 성장 이전인 유년기의 확장을 누리게 된다는 의미를 갖기도 한다. 10대의 또래문화는 20대에 가서도 모바일을 통해 어느 정도 남아있어 10대와 20대가 모두 친밀공동체에 의존하는 경향이 높고 20대 초반일수록 그러한 경향은 더 큰 것을 알 수 있다.

한 20대 남성의 경우 처음 휴대폰을 사면서 부모님 모르게 친구들과 연락할 수 있는 사적인 채널로써 휴대폰을 사용했음을 회상하였다. 현재 청소년 시기인 학생들은 위와 같이 카카오톡을 일상적인 친교적 채널로써 사용하고 있다고 설명하고 있다. 휴대폰이 보급되던 시기에 청소년기를 겪었던 현 20대, 30대의 경우도 휴대폰의 주된 역할로 친교적 기능을 꼽고 있는데 다만 과거에는 카카오톡 사용이 아닌 문자를 사용했다는 점이 차이점이라고 할 수 있다. 카카오톡은 문자사용과는 약간의 차이점을 보인다. 과거의 경우 문자메시지 사용 건당 과금으로 인한 제한이 있었고, 건당 전송 가능한 글자 수의 제한70byte 등이 있었지만 현재 청소년들에게 모바일 메신저 이용에 있어 전송 가능한 데이터량에 제한이 존재하지 않는다. 따라서 늘어난 대화의 빈도, 한 건당 전송 글자 수의 축소건당 과금이 없으므로 등과 같은 상징적인 차이가 나타난다.

"청소년 때 핸드폰이 너무 가지고 싶어서 부모님 신분증 몰래 가지고 가서 만들었어요. 학생 때니까 저렴한 요금으로 해서 용돈으로 몰래 내고. 그렇게 해서 친구들이랑 연락하고 이성 친구랑도 연락하고. 당시에는 학교 축제 같은 걸 하면 애들끼리 가서 연락하고 하는 데 핸드폰이 있어야 했어요. 부모님 눈치 안 보고 친구들이랑 연락해서 더 만나기 쉽게 되고 아무래도 그랬었죠." (20대, 남)

"처음 휴대폰 사용하게 되면서 느낀 변화는 집 전화를 안 써도 친구들이랑 연락이 된다는 거요. 집 전화는 아무래도 (부모님) 거쳐서 연락해야 하니까.… 이걸로 하면 아무 때나 연락할 수 있고 만날 약속도 잡고 밤늦게도 이야기할 수 있어요. 스마트폰은 카톡이 아무래도 (영향이) 크죠. 거의 이걸로 연락을 다 할 수 있고" (10대, 남)

"저는 (휴대폰을 처음) 살 때부터 카톡이 되는 폰이었어요. 그래서 이게 되는 게 당연하고 안 썼던 게 상상이 안 돼요. … 카톡 대화창은 (항상) 다 열려 있어요. 새로 찾아서 안 열고 (이야기 하던 창에서) 계속 이야기하고 한 번도 지운 적 없어요." (10대, 여)

"그냥 뭐 먹는다고 사진 찍어서 보낼 때도 있고, 뭐 고를 때 어떤 게 더 예쁜지 골라달라고 사진 같은 것 보내고 시도 때도 없이 그냥 보내요. 수업시간에도 몰래 보낼 때 있고요." (10대, 여)

그림 4-4 연령대별 카카오톡 이용 평균

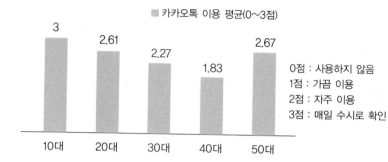

카카오톡 이용 평균은 10대에서 40대로 갈수록 점점 그 값이 낮아지다가 50대에서 20대 수준으로 급격히 늘어났다. 50대 참여자들이 모바일 대화 채널에 참여하기 위해 노력하거나 혹은 활발히 참여하고 있는 것은 이전 연령대인 40대가 전반적으로 카카오톡 사용이 각 연령대 중 가장 적었던 것과 대조되는 현상이다. 이는 본 연구에 참여한 카카오톡 이용자들의 생활 환경과 패턴을 통해 그 원인을 유추해 볼 수 있었다.

연구에 참여했던 40대 연구 참여자들은 주부인 경우를 제외하고, 종사하는 분야에 대한 높은 전문성을 띠고 있었으며 업무처리와 일·가정 양립을 위한 조정을 위해 휴대폰을 사용하는 경우가 많았다. 반면 50대 참여자들의 경우 40대에 비해 정규직 근무보다는 재택근무 등 비교적 자유로운 업무시간이 주어진 것으로 나타났으며, 자녀가 있는 경우에도 자녀가 독립시기가 되어 스스로 돌봄 노동을 할 필요가 없는 경우가 많았다. 본 연구에 참여한 50대를 살펴보면 재택근무를 하고 있는 남성, 음악 전공 후 학생들을 가르치다 현재는 주로 가사를 돌보고 있는 주부, 이혼 후 스스로 생계를 꾸려가고 있는 여성으로 구성되어 있음을 알 수 있다. 특히 가장 카카오톡 사용량이 많았던 50대 주부의 경우는 가사 외에 종교활동 등에 적극적으로 참여하고 있었는데 이는 오히려 카카오톡을 더 사용하도록 하는 촉매제가 되고 있었다.

> "카톡으로 친구들이나 수녀님, 신부님들께 연락 드리기도 하고… 수도자들은 카카오톡 사용은 안 하지만 프로필 사진 같은 것 남겨 놓고 하시니까 그것 보고 안부인사 드리고."(50대, 여)

> "나는 이게 있어서 무척 편해졌다고 봐요. 취미활동으로 아웃도어 활동(등산)을 많이 하는데, 이게 카톡이 있으니까 우리 동호회 사람들 다 초대해서 언제 어디서 모입시다 하면 바로 약속이 잡히거든. 일일이 누구한테 전화하면 번거롭고 또 다 같이 이야기를 못하니까. 그럴 땐 없는 사람들은 따로 연락해야 돼서 바꾸라고 내가 자주 권하지. 나이 먹은 사람들은 이런 데 겁을 먹는데 써보면 어렵지 않아. 또 일할 때도 아주 도움을 많이 받아. 내가 지금 하는 일이 홈페이지 작업 의뢰받아서 그래픽 작업을 주로 하다 보니까 클라이언트들에게 샘플을 사진으로 찍어서 카톡으로 보내죠. 문자보다 훨씬 빠르고 이메일을 거칠 필요도 없어서 자주 사용해요. 일이 훨씬 효율적이죠. 이전에 비해."(50대, 남)

> "아이들 수업 교재나 음원도 다 아이패드에 옮겨서 가지고 다니고 학생들이랑 연락할 때도 요새 애들이나 엄마들은 다 스마트폰 있으니까 이걸로 연락하고 그렇죠. 숙제 보내줄 때도 이용하고 잠깐 어디서 이동하면서 수업 준비할 때도 사용하고 아이들(자녀)한테 (사용법을) 다 배워서 활용하려고 노력해요. 그러니까 이제 카톡으로 아들한테 모르는 거 있으면 어떻게 해야 되는지 물어보고 또 해보고. 휴대폰도 일부러 애들이랑 똑같은 걸 샀어요. 배우기가 쉬우니까 그러면. 그리고 애들이랑 떨어져 지내니까 안부도 묻고."(50대, 여)

더불어 SMSShort Message Service가 아닌 MMSMulti-media Message Service로 전환되어야 사용 가능했던 사진 전송 등의 기능이 카카오톡에서는 사진뿐 아니라 오디오, 동영상 등 다양한 멀티미디어 파일 전송으로 확대되었다는 점, 그리고 이 모든 서비스가 전파를 통해 무료로 전달된다는 점으로 인해 취미나 친목을 위한 게시글, 멀티미디어 파일 공유도 활발하게 이루어지고 있었다.

"아무래도 사진이나 동영상 전송이 되다 보니까 좋은 음악이나 동영상 있으면 주변에 보내주고 나는 공급책 같은 역할을 해요. 나는 이게(스마트폰) 너무 재밌어. (웃음) 친구들도 다 바꿨지. 바꾸면 내가 재밌는 것들 많이 보내주거든. 이것 없으면 연락하기도 답답하잖아."(50대, 여)

이른바 디지털 키즈의 경우 정보전달이나 편리한 소통, 감정표현 등을 위해 적극적으로 사용하고 있었고, 50대의 경우 업무량이 줄고 여가시간이 늘어나면서 새로운 디지털 기기와 이를 조작하면서 얻는 일종의 디지털 '재사회화' 과정을 겪고 자신이 속한 커뮤니티에서의 새로운 소통 방식에 익숙해지고자 노력하는 모습을 볼 수 있었다. 카카오톡 사용이 적었던 40대와 비교·추론해 보자면, 업무나 공적인 사회생활 등의 이유로 폭넓은 대상과 정보를 주고받는 용도보다는, 소수의 대상과 문자·음악·동영상 등 다양한 컨텐츠를 즉각적이고 반복적으로 주고받는 용도에 카카오톡이 활용되는 것으로 보인다.

3. 이차적 구술성과 모바일 커뮤니티의 언어특성

3.1 입말, 글말, 전자말

본 연구의 대상이 되는 카카오톡에서 사용되는 언어는 그렇다면 어떠한 특징을 가지며 어떻게 위에서 논의한 공동체의 구성에 영향을 줄 수 있을까? 우리는 우리가 사용하는 언어를 그 형식을 기준으로 입말oral language과 글말written language과 더불어 미디어 발달로 입말과 글말의 성격이 혼종된 형태로 등장한 전자말electric language로 구분하고 그 차이점을 짚어보려 한다.

입말은 복잡한 생각을 거치지 않은 단순한 메시지가 바로 입을 통해 소리로 전달되는 것이며, 글말의 경우는 논리적이고 구조화된 사고를 거친 메시지가 문자를 통해 시각적으로 작성 및 전달되는 것이다. 우리가 누군가에게 질문을 통해 기대하는 '논리적' 답변이란 문자를 통한 사고에 익숙한 사람들에게는 당연하지만, 문맹률이 높은 커뮤니티에서는 당연히 기대되는 답변을 내놓기보다는 다른 방식으로 질문을 받아들이고 예상하지 못한 답변을 내놓을 수도 있다. 우리의 사고체계란 문자를 사용하면서 복잡하고 추상적인 사고를 명료하게 메시지로 전달할 수 있도록 고도화되었기 때문이다. 그러나 문자 발명 이전의 사고체계를 완전히 보존하고 있는 1차적 구술문화는 현재 이른바 문명사회에서는 찾아보기 어려우며, 일부 성격이 남아 있다고 볼 수 있다. 이론적 논의에서 살펴본 바와 같이 흔히 우리가 대화나 연설에서 갖는 언어적 특징들을 입말의 특징으로 함축해 볼 수 있다. 현재에는 입말과 글말이 상호 영향을 받으며 변화하고 있으며, 이차적 구술성이란 입말이 글말의 영향을 받아 변화한 형태를 지칭한다Ong, 1979.

전자말은 컴퓨터 모니터, 디지털 기기 등의 모니터를 통해 문자가 시
각적으로 작성되고 메시지로 전달된다. 온라인과 모바일에서 사용되는
전자말은 입말과 글말의 특징이 혼종적으로 나타나 옹의 이차적 구술성
의 논의와 일치하는 특성을 가진다. 옹은 이차적 구술성이 라디오와 텔
레비전과 같은 매체가 발달하면서 문자화된 원고를 읽는 구술화
oralization 과정을 통해 입말이 글말에 의해 사고와 언어 체계에 영향을
주었음을 시사한다. 이와 유사하게 전자말은 글말의 전통적인 문법체계
와 논리흐름에 완전히 순응하기보다는 좀 더 구어와 같은speech-like 특성
들이 문자언어에 반영되어 사용되고 있다. 카카오톡에 사용되는 언어는
문자로 작성되지만 대화와 같은 특성이 나타나는 구어적 특성, 즉 이차
적 구술성이 나타나는 전자말의 형태로 분류할 수 있다.

전자말은 입말과 글말에 비교했을 때 시공간의 제약이 없어져 '즉시
성'이 강화되는 측면이 있다. 인터넷 연결만 있다면 간단한 애플리케이
션 조작을 통해 어디에서든 연락을 주고받을 수 있다는 점에서 면대면
대화 혹은 과거의 서신과는 비교할 수 없을 정도로 대화의 속도가 즉각
적이다. 이로 인해 정보전달의 편리성, 빠른 전송속도가 차이점으로 부
각된다임규홍, 2000. 전자말은 다시 온라인과 모바일 사용으로 그 특성을
세분화할 수 있는데, 온라인에 비해 모바일이 휴대성에 의해 더 강한 즉
시성을 나타낸다.

온라인에서의 전자말과 모바일에서의 전자말은 대화의 공개범위에
있어서 차이를 보일 수 있다. 온라인에서도 특정인들에게 정보를 공개
할 수 있지만, 익명의 타인과 대화가 거의 없는 카카오톡 대화에서는 정
보의 공개가 자신의 지인을 대상으로만 하기 때문에 비교적 폐쇄적일

수 있다. 물론 장기적으로 해당 정보는 재전달되면서 그 전송범위가 넓어질 수는 있을 것이나 1회에 공개할 수 있는 범위는 훨씬 제한적이고 비교적 소수를 대상으로 한다. 오히려 이러한 점은 카카오톡 이용을 선호하는 요인이 될 수 있어 내집단끼리의 정보 공유와 전송에 카카오톡을 이용하는 동기가 된다.

표 4-4 입말, 글말 그리고 전자말 비교

	입말	글말	전자말(온라인)	전자말(모바일)
매체	음성	문자	음성+문자+기호	음성+문자+기호+이미지
시공간 제약	○	×	△	×
정보 전달량	×	△	○	○
정보 공개성	×	△	○	△
사회성	○	×	△	△
구어성	○	×	△	△

참조 : 임규홍(2000). "컴퓨터 통신 언어에 대하여,"〈배달말〉 27, 배달말학회.

이외에 주목해야 할 전자말의 형식적 특징은 〈표 4-5〉와 〈표 4-6〉에서 보여주듯이 '개성 표현' 중심에서 '경제성' 중심으로의 이동이다. 한 때 온라인 사용자들, 특히 청소년들에 의해 이전에는 사용자의 개성 '표현'을 위해 외계어와 같이 더욱 구별되고 시각적 도안과 장식에 초점을 맞춘 언어사용의 붐이 일었었다면, 현재에는 표현 부분 위주보다는 전달 위주로 '경제성'이 강조된 전자말이 주로 이용되고 있다. 즉, 빠른 전달을 위해 생략이나 축약이 많아 띄어쓰기가 생략되거나 줄임말이 많고, 어미가 짧게 단축되어 특정형태로 많이 나타나는 경향이 있다. 조사가 생략된 채 키워드만 나열하거나 의성어와 의태어를 약어 형식으로 사용하는 경향도 나타난다.

표 4-5 개성 표현 중심인 외계어 예문

외계어	해석
乙ⓔ 뛴구들 넘흐 卍ⓔ 4당훼	우리 친구들 너무 많이 사랑해
んㄏㄹБ한てㄏ고‥☆ 말ぁㄏ고싶은て네◦◦	사랑한다고 말하고 싶은데

참조 : 신호철(2005). "인터넷 통신언어의 외계어에 대한 고찰," 〈국제어문〉 34집.

표 4-6 경제적 언어 중심인 축약어 예문

축약어	해석
ㅇㅋ/ ㅇㅇ/ ㄴㄴ ㅊㅋ / ㄱㅅ 깜놀	OK/ 응/ 아니 축하/ 감사 깜짝 놀랐음
프사/ 친추/ 단톡	프로필 사진/ 친구추가/ 단체 카카오톡
답정너	답은 정해져 있어 너는 대답만 하면 돼

전반적으로 외계어의 경우 글을 쓰고 읽는 과정이 중시되는 문자성의 특징을 주로 보인다. 〈표 4-5〉의 외계어는 국내에 2000년대 초반부터 인터넷망이 급격히 보급되면서, 이메일 사용이 많아지고 개인 홈페이지나 인터넷 커뮤니티를 통해 글 쓰는 것이 보편화되면서 자신의 글이 더 눈에 띄고 개성 있게 보이기 위한 한 방편으로 청소년들 사이에서 주로 사용되었다. 외계어는 비속어나 은어와는 다른 개념으로서, 예문에 나타난 것보다 훨씬 장문의 글을 외계어로 작성하고 때로는 전체 글 자체가 하나의 이미지가 되기도 하면서 시각적인 측면에서 많은 변형이 가능하다. 마치 작가가 글을 완결하면 독자가 완성된 전문을 보게 되는 것과 같은 문자를 통한 소통 방식이 그대로 나타난다. 외계어 사용은 입말을 통한 즉각적인 소통과 다르게, 글을 다듬고 심지어 시각적

인 측면까지 고려해 표현해야 하므로 메시지 전달을 위한 시간이 더디고 길어진다.

반면, 축약어의 경우는 구술적 특징을 더욱 반영한다. 〈표 4-6〉은 연구 참여자들의 모바일 대화에서 많이 사용되었던 축약어를 모아놓은 것이다. 글은 전체를 눈으로 읽고 내용을 파악해야 한다면, 말은 소리로 듣고 메시지를 이해하는 것이다. 길고 장황한 말은 종국에는 본래의 메시지 전달 목표를 어렵게 할 수 있다. 바람직한 현상이라고 볼 수는 없지만, 이는 결국 젊은 세대에서 많이 나타나는 말을 줄이는 현상, 예를 들어 버카충버스카드 충전, 생파생일파티, 문상문화상품권과 맥을 같이한다. 외계어에 비해 경제성이 강조되면서 문자로 쓰여 있지만 시선이 길게 머무르지 않아도 금방 내용을 파악할 수 있고, 입말을 주고받을 때와 마찬가지로 빠른 인지와 응답이 가능해진다.

3.2 친밀한 언어의 영역

글말이 공식적이고 대외적인 특성을 대체로 내포한다면 입말의 경우 비교적 비공식적·사적인 특성을 내포하여 대화 상대와 친근감을 형성하기 유리하다. 카카오톡에서의 언어 사용이 입말의 특성이 두드러져 사무적이고 공적이기보다는 비교적 편안하고 친밀한 대화를 가능하게 하는지 알아보기 위해 연구 참여자들의 대화내용을 정리하여 보았다.

그 결과, 카카오톡에서의 대화는 정서적 친근감의 내포와 빠른 입력과 전달에 편리한 경제성의 두드러짐이 공존하는 것을 확인할 수 있었다. [그림 4-5]는 30대 남성들의 단체 대화내용을 기능적 대화와 일상생활에서의 친교적 대화 2가지로 구분하여 발췌한 것이다. 두 가지 유형의 대화 모두 이차적 구술성의 특징과 비문법적인 전자말의 특징을 다 가지고 있지만 기능적 대화의 경우는 대화에 사용되는 언어에 경제성이 특히 높게 나타나는 경향이 있고, 친교적 대화의 경우는 감정표현이 더 풍부하게 나타나는 경향이 있다.

그룹채팅방의 구성원은 총 5명으로 모두 30대 초반 남성, 대졸 이상 학력자이며 동창이면서 근처에 거주하는 막역한 사이의 친구들이다. 이 들은 항시 개설되어 있는 그룹채팅을 통해 하루 종일 여러 가지 이야기 를 나눈다. 주로 이야기의 소재를 제공하는 구성원이 있지만 나머지 구 성원들의 경우는 지속적으로 대화내용을 확인하고 피드백을 주어야 할 상황이 오면 응답한다. 대화의 내용은 일상에서 나눌 법한 내용들과 다 를 바가 없으며 짧은 시간 동안 모바일을 통해 전달하는 내용이며 거리 낌이 없는 관계인 만큼 맞춤법, 띄어쓰기, 문장부호 등이 대체로 맞지 않으며 줄임말과 의성어 표현, 조사의 생략 등을 통해 짧은 핵심 키워드 만 나열하는 식으로 대화가 이어지고 있다. 일상적으로 대화를 할 때에 는 표현을 정제하기보다는 하고자 하는 의사표현을 빠르고 신속하게 전 달하고자 하는 경향이 큰 만큼 이러한 스타일이 모바일 대화에서 그대 로 나타난다. 더불어 모바일이라는 입력체계로 인한 줄임표현이 나타나 는 것으로도 볼 수 있다신호철, 2005.

첫 번째 대화내용은 해당 참여자들의 기능적 대화의 사례이다. 참여 자들에 따라 친한 친구들과의 대화가 만남으로 이어지는 경우에는 약속 을 잡기 위한 변증법적 대화를 위해 모바일 공간이 사용된다. 대화내용 을 보면 이들은 저녁에 잠깐 만나기 위한 약속을 잡기로 하면서 시간과 장소를 정하고 있다. 항상 대기하고 있는 친구들의 대화는 일상적 대화 를 통한 소소한 일상과 이야깃거리의 공유뿐 아니라 그 무엇보다 빠르

고 간편하게 면대면 만남이라는 목표를 달성할 수 있는 수단이 되고 있
다. 만남의 목적은 '생축겸_{생일축하 겸}'이란 세 글자로 압축되어 표현되며
시간과 장소가 정해진 뒤에는 'ㅇㅋOK'라는 간단한 의사표시로 순식간
에 만남의 참여자가 가려진다. 물론 이는 이들이 평소 대화와 상호교류
로 인해 충분히 결속력이 있는 친구집단이며, 수많은 행간의 이야기들을
생략할 수 있는 사고를 공유하고 있는 그룹이기 때문에 가능한 일이다.

 참여자 02 카카오톡 대화내용 1

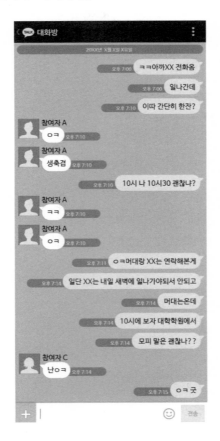

[그림 4-6]의 두 번째 대화 내용은 친밀한 대화의 사례로서 동일한 그룹채팅 구성원 중 2명이 적극적으로 주로 대화를 나누고 있는 상황을 발췌한 것이다. 취미생활에 대한 화제를 가지고 이야기를 나누고 있다. 대화를 나눈 시간을 보면 밤늦은 시간으로 일반적인 생활 패턴으로는 잠자리에 들기 전으로 볼 수 있다. 대화에 사용된 언어형식만 보자면 구두점 생략이 가장 많았고, 의성어 사용, 조사 생략, 전치사 생략, 어미 생략, 축약, 비속어 사용 그리고 감탄표현이나 반복표현을 각각 찾아볼 수 있었다. 이 중 가장 눈여겨볼 만한 특징으로는 구두점의 생략을 들 수 있다. 흔히 온라인이나 문자로 메시지를 보낼 때 구두점을 생략하는 경우가 많은 것이 사실이다. 그런데 이들의 대화내용을 보면 구두점을 모두 생략하고 있다기보다는 구분을 주기 위해 'ㅋㅋㅋ'와 같은 의성어 뒤에 사용하기도 하고 말줄임표처럼 단어와 단어 사이에 넣기도 하며, 단어 뒤에 쉼표 기능처럼 사용한 것도 찾아볼 수 있다. 그러나 문장과 문장이 끝날 때에는 전체적으로 마침표를 사용하지 않거나 ㅋㅋ와 같은 의성어 표기로 대신하고 있다. 또한, 현 대화에는 일반적으로 전자메일이나 문자메시지에서 보이는 대화를 정리하는 표현closing이 없다. 이는 마치 대화 전체가 끝나지 않고 지속적으로 연결되어 있음을 보여준다. 이들은 대화를 나눈 시간이나 각자의 위치에 관계없이 바로 옆에 있는 것처럼 일상적 대화를 나눌 수 있다. 심지어 늦은 시간이라 누군가 먼저 잠든다고 하여도 항시 개설된 채팅창을 통해서 대화는 내일 그리고 그 이후에도 계속된다.

참여자 02 카카오톡 대화내용 2

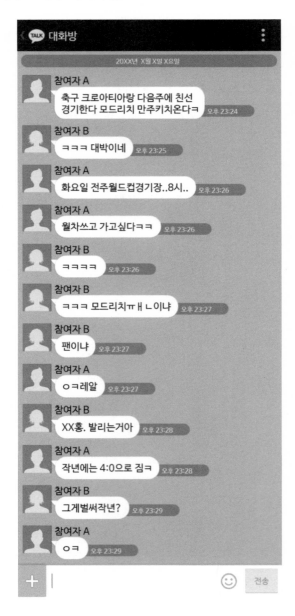

구술문화에 잔존해 있는 언어적 특징인 반복성, 진부한 표현, 지속적 나열 등과 같은 입말문화의 특징도 인터넷 문화뿐 아니라 현재 그러한 문화의 축소판이라고 볼 수 있는 카카오톡 사용에서 나타나고 있는 언어적 특징이다. 실제로 무료이기 때문에 더 많은 수다를 떨게 되고, 한 번의 메시지로 보낼 것을 여러 번에 나누어 메시지를 전송하게 되면서 짧고 장황하게 이어지는 대화가 카톡 창에서는 빈번하게 이루어지고 있다. 핑퐁 스타일의 면대면 대화가 가상 공간에서도 이루어지고 있는 것을 볼 수 있다.

"친구들끼리 하루 종일 카톡으로 얘기해요. 그냥 별 얘기 없어요. 누가 웃긴 얘기 많이 올리면 같이 'ㅋㅋㅋㅋ' 쓰고 상황에 맞는 이모티콘 올리고, 이모티콘이 근데 상황별로 다 맞아 떨어져서 글을 쓸 필요가 없을 때도 더 많아요. 그게 더 감정을 잘 전달해 줄 때도 있고요." (20대, 여)

구술성의 특징이 여러 감각을 이용해 다양한 감정표현이 가능하다는 점이라면 이차적 구술성은 이러한 구술성의 측면에서 자유로운 감정표현을 통해 화자들이 감정이입하여 대화에 몰입할 수 있도록 한다. 가상 공간에서는 현실보다 더 현실같은 우리의 "표정"이 전달될 수 있다.

적절한 예로 친밀성을 증대시켜 주는 기폭제로 애니메이션이 들어간 '이모티콘'이 큰 역할을 하고 있었는데, 이는 문자가 아닌 '이미지'를 통해 더 감정이입적인 대화에 '몰입'하거나 기분이나 상태를 '대체'해서 표현할 수 있게 해 주고 있다. 피처폰의 문자 메시지 시대에 이모티콘이 문자와 기호의 조합으로써 감정의 상태를 표현해 주었다면, 이제

는 일러스트 형태의 이모티콘이 등장해 더 생생하고 코믹하게 자신의
감정 상태를 전달해 주고, 활자를 대화창에 띄울 필요도 없이 상황에 맞
는 자신의 감정을 그대로 전달해 준다. 바론의 논의대로 감정표현과 관
련해 이모티콘 사용은 여성 사용자들에게서 더 많이 나타났지만 이를
수치화하기는 어려웠다.

그러나 성별에 따른 절대적인 사용량과 관계없이 적절한 이모티콘
이미지의 사용은 대화의 분위기와 관계의 발전, 지속에 영향을 주는 다
시 말해 사람들의 대화를 더욱 의미 있게 만드는 역할을 했다. 물론 이
러한 영향력과 효과는 맥락context을 고려해야 하며, 의미 없는 이모티콘
의 남발은 진의를 의심하게 만드는 부정적 요소가 될 수도 있다.

 그림 4-7 이모티콘 사용 예시

* 상기 이미지는 20대 여성 2명과 남성 1명의 카카오톡을 각각 캡처한 자료로 애니메이션
  이모티콘이 포함됨.

[그림 4-7]은 모두 20대 남녀의 카카오톡 채팅 내용을 캡처한 것이다. 위의 상황들은 모두 문자 대신 이모티콘을 사용하거나, 이모티콘 사용 자체로 즐거운 분위기를 유도하거나 그리고 상황에 맞춰 얼굴 표정처럼 이모티콘을 사용하는 모습들을 보여준다. 첫 번째 내용은 생일 축하 메시지를 이모티콘으로 대신하는 상황을 보여주고, 두 번째 메시지는 각각의 발화가 큰 의미를 지니지는 않지만, 감정 상태를 나타내는 이모티콘을 보여주고 나열하는 것을 함께 즐기고 있다. 세 번째 캡처에서는 대화 중 코믹한 상황을 연출하기 위해 감정표현을 극대화한 이모티콘이 사용되었다.

물론 모든 사용자들이 카카오톡을 사용하면서 구술적인 언어를 구사하는 것은 아니며, 이는 전반적인 경향 그리고 카카오톡 사용이 활발한 젊은 층의 경우 더욱 두드러지는 현상으로 볼 수 있을 것이다. 인터뷰 참여자의 부모 세대 중에는 자신과 친밀한 관계를 유지하고 있음에도 이모티콘과 같은 감정표현을 카카오톡 대화에서 사용하지 않는 경우도 있었다. 이러한 경우에는 일상적인 대화에 비교해 구술성이 떨어지는 만큼 메시지를 수신하는 쪽에서 친밀성을 잘 느낄 수 없다고 응답했다. 이는 카카오톡에서 사용하는 언어가 친밀한 관계의 구성에 미치는 심리적 영향력을 재확인해 주고 있다.

"아빠랑 평소에 전화할때는 '응, 어디야? 금방 들어갈게' 이렇게 친하게 말하고 하는데 카카오톡은 '7시까지 갈게' 보내고 확인하고 딱 닫고 그러니까 더 딱딱해진 느낌이라고 해야 하나." (10대, 남)

3.3. 언어와 담론의 공유

본 연구 전체의 주제가 모바일을 통한 결속과 공동체의 형성이라면, 대화에 참여하는 개인들이 각자의 목소리를 어떤 담론에 녹여내어 공유하고 이러한 행위가 공동체에 어떤 영향을 미치는지에 대해 주목할 필요가 있다.

사회의 형성을 위해서는 경험의 공유와 이를 통한 가치화 과정, 그리고 공동의 정서 및 사고 형성이 중요하다Durkeim, 1915. 우리가 함께 무엇을 경험하고 판단하며 어떠한 감정과 생각을 나누게 되는지는 결국 공동의 정체성 형성에 영향을 미친다. 이에 대화의 어떠한 내용을 어떻게 공유하는지에 대한 분석이 필요한데, 모바일 공동체 내에서 사용되는 언어의 형식적 특성을 앞서 논의했다면, 다음으로 이를 통해 이루어지는 담론의 공유가 공동체의 형성과 결집에 어떤 영향을 주는지 알아보고자 한다.

구성원들이 공공의 목표를 가지고 이를 성취하기 위해 의사소통을 하는 것을 '담론 커뮤니티discourse community'라고 간단히 정의할 수 있다. 본 연구의 참여자들의 예로는 구성원들이 공동의 목표를 설정하고 가상대화를 통해 지속적인 조율과 의견 및 정서 교환을 이어가는 경우가 있었다. 한 30대 남성 연구 참여자는 회사 직원들의 집단파업 상황 속에서 노조관리를 맡고 있었는데, 해당 남성은 사측과 대립하고 있는 상황 속에서 조합원들의 연락망을 맡고 있었다. 긴급한 연락을 위해서는 전화 사용이 많고 평소에 카카오톡을 많이 이용하지는 않는다고 응답했으나, 주로 개별적 친분이 있는 동료들과 카카오톡을 통해 지속적으로 연락을 주고받는다고 응답했다. 이에는 종종 내부적인 사항들이 포함되기도 하며 동료들과 계속 연락을 주고받으면서 공감대를 형성하고 있었다. 이 연구 참여자에게 카카오톡 그룹대화는 전반적으로 공적인 관계에서 만난 사람들과의 상호작용이면서 본인이 처한 상황에서 공유해야 할 화두들이 제시되고 또 순환되는 공간이면서 서로 정서적 지지를 주고받을 수 있는 공간이었다.

> "나랑 같이 일했던 이제 먼저 그만두게 된 친구 같은 경우에 상담도 해 주고, 이야기도 하게 되고." (30대, 남)

가상 커뮤니티의 일관적이고 특징적인 언어관행의 요소로 '어휘, 비언어적 커뮤니케이션, 장르, 유머' Baym, 2003를 들 수 있다. 앞서 이차적 구술성의 특징이 나타나는 전자말의 어휘와 이모티콘과 애니메이션 사용과 같은 비언어적 커뮤니케이션에 대해 집중적으로 조명했다면 장르와 유머의 측면도 살펴볼 필요가 있다.

장르와 유머는 가상대화를 통해 공동체가 유지되는 데 있어 중요한 역할을 한다. 분위기를 전환하고 화제를 생성하기 위해 각종 유머들이 대화에서 오고가고 있지만, 특히 속칭 '찌라시'는 기타 유머와는 구별되는 집중적인 관심과 논란, 모바일 매체에서의 강력한 전파력을 보인다. 카카오톡 대화를 선별한 경우에도 찌라시의 내용이 빠지지 않고 포함되었는데, 유독 친밀한 집단에서 더욱 빈번히 발견되었다. 이에 이러한 가십찌라시 대화를 하나의 장르로 구분하여 살펴보고자 한다.

공동체 내에 공유된 기억이 생성되면서 좋고 나쁨의 가치를 구분하고, 잘못되었다고 생각하는 것을 바꾸기 위한 논의와 실행이 발생하게 된다. 찌라시의 유통과 공유를 통해 비난의 대상이 설정되거나 공공의 위험성을 함께 인식하면서 단순히 흥미를 느끼는 것이 아닌 도덕적 가치를 공유하게 된다. 또한 위험성과 희소성을 내포한 정보를 공유한다는 행위 자체가 사용자들에게 소속감을 제공하기도 한다.

> "아무래도 제가 젊고 그렇다 보니까 반 학생들이 편하게 생각해서 자기들 단체방에 초대를 해요. 그런데 보다 보면 정말… 못 하는 소리가 없어요. 어디서 그런 말은 들었는지 인터넷에 떠도는 정치적인 얘기들부터 지들끼리 공유하는 동영상들. 쉴 새 없이 올라오고 아무리 그래도 선생인데 이건 아니다 싶어서 나가면 왜 나갔냐고 또 초대해서 지들끼리 계속 이야기 주고받고, 욕하고 그러면 그 다음날 불러서 혼내고 그러죠." (20대, 남)

이러한 가십에는 주로 흉악범죄나 치한 관련 내용인 SNS 괴담, 연예계 정보를 포함한 증권가 찌라시, 성인 동영상 링크 등이 있었다. 사용자들은 내용 자체에 지속적인 관심을 갖기보다는 내집단과 이러한 비공식적인 정보를 공유하는 행위 자체를 자신들만 공유하는 것으로서 의미를 두고 있었다. 문화의 내적인 의미뿐 아니라 실질적 관행practice 부분이 왜 고려되어야 하는지 알 수 있는 부분이다Couldry, 2004. 물론, 이러한 가십 유포는 부정적 측면이 존재한다. 정보의 진위여부를 보장할 수 없다는 점, 특정 이슈에 대해 무분별한 이해나 반감을 가지게 될 수 있다는 점, 그리고 검증되지 않은 자료로 인한 논란과 사생활 침해가 야기될 수 있다는 점이 그러하다. 그러나 사회적 일탈행위와 범죄에 관해서 큰 공감을 보이는 것과는 달리 사생활이나 신빙성이 떨어지는 정보에 관해서는 자체적으로 수용기준을 두고 있는 모습이었다.

"저희가 공유하는 정보는 대단한 건 아닌데 … 대중적으로 전파가 된 것 같으면서 막상 구하기 어려운 … 뭐 아무튼 유명한 분 사생활 등 이런 것을 알려주는 친구들이 있어서 그런 것도 공유해요." (20대, 여)

"그런 거 많이 오는데 별로 믿지는 않아요. 아무래도 정치적인 분위기 따라서 이런 범죄나 사회 분위기를 위험한 것으로 느끼게 하려는 의도가 있다고 생각해서. 보기는 하는데 다 믿지는 않죠." (20대, 여)

인터뷰 참여자들은 가십을 통해 인터넷이나 모바일을 통한 신종 금융사기 등을 예방하는 데 도움이 되는 정보를 얻기도 하고, 화젯거리를 제공함으로써 어색한 대화의 침묵을 깨고 이야기를 시작하게 되는 계기로 삼기도 한다.

"뭐 어떤 문자는 확인하지 말아라. 확인하는 순간 바로 25만원이 결제된다. 이런 내용들은 조심해야 되는 거니까 카톡으로 다 전달하죠." (40대, 여)

표 4-7 카카오톡으로 공유한 찌라시의 예

×××에 이어 ○○○과의 염문설로 세간에 다시 이슈가 되고 있다. … (이하 생략)
××살인 용의자 페이스북 내용… (이하 생략)
북한 폭탄 발사 시민 ○○명 사망영상보기 클릭하지마세요 신종 사기 전화입니다 절대로 보지마세요 복사해서 지인들에게 알려주세요   사기 스미싱입니다 . 소액결제 250,000원주의 요망 단체로 날려 주세요.

이와 같이 참여자들은 카카오톡을 통해 사회적 위험에 대한 정보, 공식적인 경로를 통해 얻기 힘든 정보, 친분이 없는 타인과 공유하기 어려운 소재의 내용을 신뢰와 친밀감이 형성된 구성원들과 공유하고 있었다. 민감한 내용일수록 공유가 어려울 수 있는 장르인 만큼 이러한 가십을 공유한다는 것은 공동체 내에서 신뢰와 친밀감을 기반으로 할 때 이루어질 수 있는 담론의 종류로 볼 수 있다.

4. 모바일 공동체 상호주관성의 유형

개인마다 다양한 인간관계를 가지고 있는 만큼 다양한 집단과 소통하는 방식 또한 여러 가지로 나타났다. 때로는 이러한 방식이 특정인을 배제하는 형식으로 이루어질 수도 있으며, 혹은 드러나지 않지만 각 개인들 간의 미묘한 연결까지 고려한 조금 예민한 방식으로 적용될 수도 있다. 혹은 원하지 않지만 계속 연락을 유지하고, 적극적으로 참여하지 않거나 무관심한 상태로 대변하게 되는 경우도 있다. 이처럼 한 개인은 분화된 소통, 다양한 담론에 참여하면서 여러 유형의 공동체에 동시에 속하곤 한다.

> "이게 나는 친구들이 있으면 전체(카카오톡 대화) 방만 있는 게 아니라 각각 또 4명 중에 3명만 있는 방 또 다른 3명만 있는 방 이렇게 방이 여러 개 있어서. 무슨 선물을 준비해야 될 때 아니면 이렇게 친구랑 좀 아는 사람이라 곤란할 때 따로 이야기할 수 있는 방 이렇게 나눠놨어요. 그래서 항상 얘기하기 전에 이게 누구누구 있는 방인지부터 확인하고 이야기하고." (20대, 여)

"친구들끼리 하는 그룹방도 있고 직장 때문에 어쩔 수 없이 해야 되는 방도 있고… 친구들끼리 할 때 아무래도 제일 편하고 답도 빨리 해 주는 편이고 직장 것은 아무래도 일 때문에 어쩔 수 없이…." (20대, 남)

블로그나 온라인 게시판에 글을 작성하거나 이메일을 주고받는 것과는 달리 바로 주고받는 대화의 형식이다 보니, 일상에서도 그렇듯 언어 형식이나 코드가 중요한 역할을 하며 자신의 정체성과 소속된 그룹 내에서의 역할을 잘 나타내 주고 있었다. 또한 구술 대화에서 대화가 끊기지 않도록 이야기를 주고받는 것이 중요하듯, 모바일 가상공간의 대화에서도 메시지를 확인한 후 답장을 하거나 일정 시간 이내에 답을 하는 것이 점점 관례화되어 가고 있어, 이들의 소속과 결합이 피상성을 넘어 현실에 가깝고 밀접하게 연결된 관계를 상정하고 있었다.

누구랑 가장 연락을 많이 하는지, 어떤 목적으로 사용하는지 등은 그 사람의 일과와 속해 있는 집단과의 관계를 보여주며 어떠한 방식으로 소통하고 있는지 알 수 있게 해 준다. 빈번하게 접속하여 끝없이 대화를 주고받거나, 단기적 목적이 있을 때만 잠시 접속하거나 혹은 거의 접속하지 않는다거나 여러 가지 방식으로 사용하는 모습들이 눈에 띄었다. 이론적 검토에서 보았듯이 얼마나 바로 연락을 지속시키고, 사용하는 언어가 얼마나 실생활의 입말처럼 편안하게 관계를 이어가게 하는지 등에 따라서 이들의 관계를 정리해 볼 수 있다.

[그림 4-8]은 모바일 메신저 공동체의 구성 요건인 상호주관성의 두 차원, 즉 즉시성과 이차적 구술성이 나타나는 정도에 따라 공동체의 유형을 구분해 본 것이다. 두 차원의 조합에 따라 간헐적 연락관계, 형식

그림 4-8 즉시성과 이차적 구술성에 따른 공동체 구성 특징

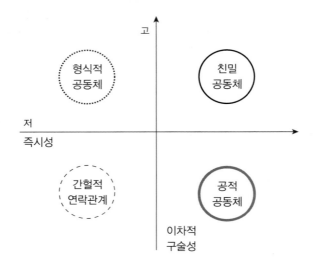

적 공동체, 공적인 공동체, 친밀 공동체 등으로 나눌 수 있다.

즉시성과 이차적 구술성이 모두 낮은 경우는 모바일 메신저, 즉 카카오톡을 거의 사용하지 않는 경우였고, 이차적 구술성만 높은 경우는 사적인 관계이지만 적극적으로 대화하지 않는 일부 제한적 사용의 경우였고, 반대로 즉시성만 높은 경우는 공적인 목적을 위해 주로 사용하는 경우였으며, 즉시성과 이차적 구술성이 모두 높은 경우는 친밀한 공동체 간의 사용인 것으로 나타났다. 특히 이차적 구술성의 경우는 추가적인 카카오톡 대화내용 분석을 통해 이루어졌는데 친밀한 공동체일수록 구술적 언어의 특성이 더 많이 나타나는 것을 확인할 수 있었다.

이러한 변화는 적극적으로 스마트 기기를 이용하는 젊은 세대를 중심으로 두드러지게 나타났으며, 새로운 디지털 기기 사용에 아직 적응하지 못한 세대들 혹은 이러한 새로운 소통의 장에서 일종의 재사회화

를 겪고 있는 세대들은 과도기적 특징을 나타내고 있었다. 또한 이용자의 성별, 학력, 직업적 특성 등에 따라 모바일 사용과 공동체 구성과 유지 방식의 차이점이 있는 것으로 나타났다.

카카오톡은 공적 영역과 사적 영역을 구분 짓기 어려운 10대나 20대의 대학생 등의 경우 주로 사적인 관계에서 광범위하게 사용되고 있었고, 20대 후반과 30대의 프리랜서, 직장인들은 공적 영역과 사적 영역의 사회적 관계를 관리하기 위해 그룹대화를 이용하여 다양한 집단과 모바일 가상대화를 하고 있었다. 40대의 경우 전반적으로 모바일 가상대화 사용량이 적었으나, 주부들의 경우 자신들의 돌봄을 위해 가족들과의 연락수단으로 주로 사용하거나 친교적 목적으로 사용하는 등, 성별 영역의 특징이 나타나고 있었다. 50대 프리랜서 남·녀의 경우 전문적인 일을 위해 카카오톡을 적극적으로 이용하고 또 배워가면서 새로운 의사소통 방식에 편입되고, 새로운 학습과정을 통해 자신의 사회적 관계를 지속하고자 하는 모습을 찾아볼 수 있었다.

"이거(스마트폰) 없으면 연락하기 힘들고 아무래도 한 번 할 것도 안 하게 되고 그렇죠. 주변 사람들한테 다 (스마트폰) 사라고 권하고 또 카카오톡 하라고 전파하죠. 그래야 연락하기가 다들 쉽고 얼굴이라도 한 번 더 보게 되고 하니까. 일을 하더라도 편하게 할 수 있고 … 가족들과도 자주 연락하게 되고 딸도 여행가면 이제 숙소 사진, 뭐 맛있는 거 먹으면 또 사진 찍어서 보내고 대화도 많아지고요." (50대, 남)

"내 친구도 나 때문에 (휴대폰) 바꾸고, 동생도 바꿨죠. 이제는 다 카톡도 되고 하는 스마트폰으로, 내가 항상 좋은 글, 재밌는 것, 좋은 음악 보내주니까. 내가 공급책이에요. (웃음) 다들 카톡이 돼야 이런 것도 보내고, 멀리 사는 친구들 하고도 게임하고 하면서 서로 경쟁도 하고, … 그래도 나는 여자들하고 만 얘기하지, 남자 동창들하고는 대화 안 해요." (50대, 여)

4.1 간헐적 연락관계

간헐적 연락관계는 실생활에서 카카오톡을 거의 사용하지 않는 사용자들에게 해당되는 항목으로, 본 연구의 기준으로 볼 때 즉시성과 이차적 구술성이 모두 낮은 경우이다. 연구 참여자 중 2명의 경우는 카카오톡을 전혀 이용하지 않는다고 응답했다. 전혀 이용하지 않는 경우를 제외하더라도 거의 이용하지 않는다거나 이용 자체에 부정적 의견을 가진 경우도 있었다. 문자 메시지나 전화, 이메일의 영역까지 카카오톡 이용으로 대체되는 경우가 많아지면서 수신자의 상황이 고려되지 않고 바로 응답해야 하는 상황이 사용자를 피로하게 만드는 경우들이 그런 경우였다. 이외에도 간헐적 연락관계에 속해 있는 사용자들은 대부분 카카오톡을 사용하면서 강요되는 측면들, 이를테면 경우에 따라 잦은 연락과 빠른 피드백을 요하는 상황, 많은 사람들과 더 많이 연락을 하게 되는 상황, 가상세계에서 느껴지는 피상성, 프로필을 통해 공개되는 사생활 등에 부정적 태도를 보였으며 카카오톡 사용을 꺼려했다. 그러나 역시 가장 큰 부정적 요인은 수신자보다 발신자가 중심이 되어 메시지를 보내고 즉각적인 피드백을 기대하게 되는 모바일 커뮤니케이션의 특성이었다.

> "카톡은 (메시지) 옆에 숫자 '1' 뜨잖아요, 그러니까 상대방이 읽었는지 바로 알 수 있고." (10대, 여)

모바일 공동체에서 가장 약한 결속을 보인다고 할 수 있는 그룹의 사용자들은 새로운 매체의 사용에 오히려 피로감을 느끼거나 필요성을 거의 느끼지 못하고 있었다. 이들은 다른 연락 수단을 선호하거나, 카카오톡을 통한 연락이 다른 연락방식에 비해 비교적 피상적이라고 느끼고 있었다.

> "원래 휴대폰을 많이 사용 안 하는 편이에요. … 딱 필요한 것만 하고, 바로 연락해야 될 때는 전화하거나 일 관련해서는 이메일로 보내면 되고…" (40대, 남)
> "메시지보다는 이메일이 확인할 수 있을 때 확인하면 되고… 좀 더 공적인 연락 수단이죠." (40대, 남)

카스텔이 산업 사회에서 정보화 사회로의 혁명적 이행을 논의했을 때 어쩌면 이러한 새로운 질서에 대한 부작용까지 함께 고려해야 했을지 모른다. 그러나 이러한 외부적 압력과 프라이버시 문제 등에 있어서까지 놀랍도록 빠르게 순응하는 사람들의 모습은 단순히 무지하기 때문은 아니다. 사람들은 유동적이 되어 가는 사회 질서에서 낙오하지 않고자 불편과 위험을 감수하면서라도 타인과 일정한 연락을 유지하고자 한다. 그러면서 동시에 관계맺기에 있어 안전하다고 느끼는 사람들과의 대화는 적극적으로 이어가고자 노력하는 등, 복합적인 방식으로 접속과 대화의 규율을 정교화하고 있다고 볼 수 있다.

4.2 형식적 공동체

형식적 공동체는 간헐적 연락관계와 마찬가지로 사용빈도가 낮고 즉시성이 떨어지는 편이지만, 비교적 편하게 연락하는 사람들과는 낮은 빈도라도 연결되어 있는 경우다. 쉽게 이야기해서 편안하게 느끼는 관계의 사람들과 카카오톡을 사용하기는 하지만 적극적으로 사용하지 않아 사용빈도가 낮고 연락 간격도 긴 경우가 이에 해당된다. 연구참여자들의 사례를 보면 친밀한 관계이나 과거에 비해 현실에서 만남의 횟수가 현저히 적은 경우가 형식적 '공동체'의 특징을 보여주었다.

[그림 4-9]는 형식적 공동체의 예를 보여주고 있다. 20대 여성 대학 동기들 간의 연락 모습으로, 실제로 자주 만나지 못한다는 이들은 약속을 잡고 이를 지키지 못해 서로 이 사실을 확인하고 있다. 대화의 간격도 2~3시간으로 큰 편으로 즉시성이 매우 떨어지나, 편안한 사이인 만큼 이모티콘 사용, 짧은 대화의 턴, 구어체 등은 이차적 구술성의 특징을 보이고 있다.

이러한 공동체의 특징은 동창, 동기 등과 같이 과거에 공통된 집단에 소속된 경험이 있으나 현재는 주기적으로 만나기 어려워 휴대폰 연락을 통해 약속을 잡고 그 관계를 이어나가고자 하는 경우가 많았다는 점이다. 실제 면대면 소통으로 이어지기 위해 주로 그룹채팅을 이용하는 편이며 수시로 대화를 나눈다고 보기는 어려웠다.

개인에 따라 전체적으로 카카오톡 자체를 이러한 방식으로 사용하는 경우도 있었지만, 대체로 연구 참여자들은 해당 그룹과 친하기는 하지

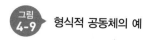

형식적 공동체의 예

만 연락을 수시로 할 만큼 가깝지는 않거나, 현재의 일이 이들과의 만남
보다는 우선시되고 안부를 묻는 데 있어 다른 채널보다 카카오톡을 편
리하게 이용하고 있었다. 간헐적 관계보다는 친밀한 관계이지만 현재
관계의 빈도, 친분 및 실제 교류 정도로 보았을 때는 가장 친밀성이 높
은 친밀공동체보다는 약한 관계가 이에 해당했다.

청소년들의 또래집단 문화뿐 아니라 젊은 세대들의 불안정한 고용과 집중된 근무시간 등은 예전과 같은 대면관계를 어렵게 하는 원인이 된다. 직접적인 만남이 가능하다면 면대면 관계를 더 선호하겠지만 불가능할 경우에는 그 대안으로 카카오톡을 이용한다는 응답을 들을 수 있었다.

> "(카카오톡이) 유용한 것 같아요. 하지만 역시 실제 면대면으로 보는 게 좋고 면대면으로 보기 위한 수단으로 이용되는 경우가 많아요. 시간 공간 제약이 덜해 편하고 단체 카톡 통해서 의견 공유 및 조율하기가 편리해요. 이게 카톡을 주로 이용하는 주된 원인입니다. (30대, 남)
>
> "아무래도 이게(카카오톡) 있으니까 연락 안 할 것도 하게 되고 그렇죠. 후배들이나 카카오톡에 뜨는 사람들 이렇게 보면 연락도 하고 농담도 하게 되고 그렇더라구요. 연락도 더 쉬워지고 한 번 안 볼 거 보게 되고." (30대, 남)

[그림 4-10]의 경우도 정기 동창 모임을 위해 주최자가 공지사항을 전달하고, 개인 생활 패턴에 따라 연락 시간대가 달라 피드백 간격이 대체로 몇 시간에 걸쳐 이루어지고 있다. 편안한 사이인 만큼 존중하는 어투보다는 편안한 말투로 단답형으로 대화하는 모습도 많이 나타나고 있다. 아래의 경우 역시 지속적인 만남이나 대화가 이루어지는 관계가 아니라, 친밀한 관계이긴 하지만 자주 만날 수 없는 사람들끼리 약속을 잡고, 간단히 처리해야 할 문제해당 사례에서는 회비를 걷는 것를 해결하기 위해 가상대화를 이용하는 모습이 나타났다. 캡처한 부분 이외에도 약속을 잡고 약속장소를 공지하고, 참석시간을 확인하는 등으로 주로 사용되고 있었는데, 사용빈도나 응답간격은 빠르지 않은 반면에 친밀한 언어사용을 보여준다.

그림 4-10 참여자 02 카카오톡 내용

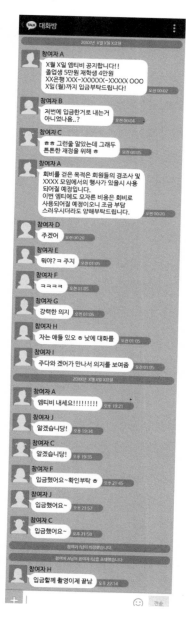

4.3 공적 공동체

'공적 공동체'라는 이름에서 드러나지만, 해당 카테고리에 속하는 공동체 유형은 대체로 친분에 의해 자발적으로 형성된 집단이 아닌, 직장이나 학교 혹은 기타 모임처럼 공동의 필요가 표면적 동기가 되어 모인 집단이다. 물론 해당 유형에서도 정서적 교류가 이뤄지지만, 이는 공동체 구성의 1차적 동기라기보다 공동체 구성을 통해 추구하는 결과 중 하나이다.

공적 공동체는 즉시성은 높으나 이차적 구술성의 특징은 떨어지는 경우이다. 공동체 구분에서 드러나듯, 해당 사례는 대부분 공적인 관계에서 모바일 메신저를 사용하여 경어체를 주로 사용하고, 전자말에 나타나는 구어적 특징들이 일정 수준 배제되는 특성을 보인다. [그림 4-11]은 공적 공동체의 예를 제시하고 있다. 왼쪽의 사례는 20대 여성이 입사 동기들과 공적인 대화를 카카오톡으로 나누고 있는 모습이다. 일에 대한 이야기를 나누고 있어서 빠른 피드백을 필요로 하는 만큼 대화의 간격이 매우 짧아 높은 즉시성을 보여주지만, 공적인 관계인 만큼 구어체와 같은 이차적 구술성의 요소들은 많이 나타나지 않는다. 오른쪽 채팅창의 경우는 20대 남성학생이 선후배 간 회의 전 주고받은 대화내용이다. 경어체를 쓰는 모습이 나타났지만 회의 전 결정사항을 위해 역시 빠른 피드백을 보이고 있다.

즉시성이 공적 공동체에서 높게 나타나는 이유는 공동체 구성원들이 동일하게 '필요'에 대해 공감하고, 대화에 참여하고자 노력하기 때문이다. [그림 4-11]의 대화방 구성원들은 업무나 공동 프로젝트의 연장선에서 원활한 커뮤니케이션이 필요하다는 것을 인지하고 빠른 피드백을 보

그림 4-11 공적 공동체의 예

내고자 노력한다. 그리고 이를 인지하고 있음을 보여주는 것 자체가 집단에서 바람직한 사회적 행동으로 요구되기도 한다. 위계조직에서 서열이 낮은 경우 공동체 내에서 자신의 존재를 알리고 적극적으로 참여함으로써 자신의 위치를 지키고자 노력하기도 한다.

> "직장 대화창 같은 경우는 막내니까 제일 먼저 대답하고 빨리 대답하고 말투도 더 신경 쓰고 그래요." (20대, 여)

그룹 대화가 카카오톡 플랫폼을 통해 개설되고 유지되어 개인의 카카오톡 사용 선호 여하와 관계없이 참여해야 하는 경우도 생긴다. 프리랜서로 활동하는 연구 참여자의 경우, 일과 관련된 연락에 있어 카카오톡을 중요한 주요 연락수단으로 사용하고 있었다. 늘 정보를 공유하고 또 수시로 업데이트를 받아야 하는 상황에서 모바일 공간에 대한 의존도도 높아졌으며 단체 대화 참여자들 간 정보공유나 대화참여 정도, 메시지 수신 인지여부 등에 예민하게 반응하였다.

"사실 저는 이런 기계랑 별로 안 친해요. 스마트폰도 사용하는 기능이 거의 없어서 없어도 되는 사람인데, 같이 일하는 사람들이 하는 카톡 그룹채팅 방이 있어요. 거기서 모든 정보를 주고받죠. 공연 프로그램이나 포스터 나온 것도 (이미지로) 올라오고, 연습 장소 공유나 정보도 다 올라오고, 공연 때 찍은 사진도 다 같이 공유하고 사실 그것 때문에 (스마트폰을) 산거죠. … 봉사활동이나 다른 데에서 공연 초대로 연락을 받기도 하고." (30대, 여)

해당 사용자가 친구나 이성과 일대일로 연락할 때에는 SMS를, 부모님과의 연락에는 전화연결을 선호하고 실제로 연락 방법에서 큰 비중을 차지하고 있었던 데에 비해, 일과 관련된 모임과 연락에 관해서는 카카오톡을 많이 사용하고 있었다. 바쁠 때에는 전화나 문자를 바로 답하지 않을 때도 있다고 응답한 이 여성은 그룹채팅은 일과 관련된 내용이 수시로 업데이트되므로 신경 써서 지속적으로 체크하고 있다고 덧붙였다. 때로는 채팅방의 정보를 빨리 인지하거나 공유하는 데 개인적으로 어려움을 겪어 약속 장소를 잘못 찾는 등의 불편함을 느끼기도 했지만, 개인적인 불편함을 감수하고 적응하면서 자신이 속한 공연팀과의 1차적 소통수단으로 카카오톡 그룹채팅을 이용하고 있었다.

공적 공동체의 언어사용은 친밀한 관계와는 구별되게 구술성의 요소가 적게 나타나고 있다. 그 예로, [그림 4-12]의 대화는 20대 과외교사가 학생 부모와 주고받은 메시지 내용이다. 인터뷰에서 본인이 밝혔듯이 마치 편지와 같이 길게 적은 메시지는 대면 대화와 같은 짧은 대화 간격이 나타난다고 보기 어렵고 이메일과 같은 쓰기의 형식에 가까웠다. 메시지 확인 후 답장을 바로 주고받는 즉시성이 나타나기는 했지만, 공적인 목적의 장문의 메시지는 이차적 구술성과는 거리가 먼 형태였다. 맞춤법 오류나 비문 등이 발견되기는 하였지만 즉흥적인 언어표현이 아니라 상대에게 예를 갖추기 위하여 글의 내용과 표현을 고심하고 정제하여 하나의 단락으로 구성한 서신과 같은 인상을 준다. 교사와 부모는 개인적 친분이 아닌 계약으로 맺어진 관계이나 아이의 교육을 위해 학습목표의 점검 및 의견 교환을 위해 지속적인 연락을 취해야 한다. 두 사람의 관계는 표면적인 공동의 목표가 뚜렷함에 비해 친분 형성의 동기는 다소 부족하지만 서로 친밀한 태도와 예의를 표하고자 노력하는 모습을 보인다. 두 사람은 적절한 대화의 횟수와 양을 조절하고자 메시지를 여러 번에 나누어 보내지 않고 정리된 메시지를 한 번에 보내 어색해 질 수 있는 상황을 빨리 종료하고 있다. 메시지를 전달함에 있어서도 비교적 시간과 노력을 들여 쓰기처럼 고심하고 구조화를 거친 장문의 메시지를 작성하고 있다. 이에 빠른 응답을 하더라도, 친근하고 즉흥적인 입말과 같은 대화 특성과는 거리가 멀다.

"아무래도 학생들이랑 얘기하거나 친한 사람들이랑 얘기할 때는 짧게 그냥 편하게 보내고, 학부모들에게 보낼 때는 생각도 많이 하게 되고 중간에 (메시지가) 끊이지 않게 길게 전달하고자 하는 말을 다 적는 편이에요. 오히려 친구들이랑 하는 대화는 그냥 각자 뭐 한다고 서로 보고하는 게 대부분…" (20대, 여)

 참여자 30 카카오톡 대화내용

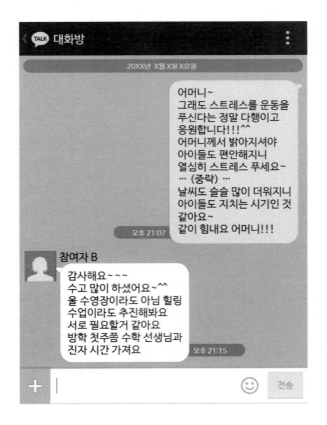

　대조적으로, 동일한 여성이 하루 종일 이야기를 주고받는다는 친구
들과의 대화는 메시지 전달의 목표가 뚜렷한 내용이라기보다 사소한 일
을 포함해 다양한 이야기를 상대방과 나누고 반응을 보이는 것 자체를
중요시 여기고 있었다. 해당 그룹카톡 방에서는 주로 일상적이고, 친교
적 이야기들이 오고가고 "오늘 밥이 맛이 없었어."나 "찹쌀똑 공장에 다
녀왔어~"와 같은 일과를 보고하는 식의 짧은 메시지나 "ㅎㅎㅎ"나 "ㅋㅋ
ㅋ" 같은 짧은 호응과 감정표현이 전부여서 공적인 관계에서의 대화와
는 대조적인 모습을 보였다.

　참여자들은 다양한 사회세계에 동시에 접속되어 있으나 상황에 따라
이를 능숙하게 변경하고, 이에 걸맞은 언어선택과 자신의 역할을 수행
한다. 이들은 각각의 관계에서 요구되는 '적절한' 언어 관행과 참여 방
식에 대해 인지하고 이를 실행하고 있었다.

　정교화된 언어코드는 그룹 내 상호 간 협의에 중요한 요소일 뿐 아니
라 타인들과의 대화에 중요한 요소Douglas, 1970로서 본 연구에서도 각 공
동체별로 대화의 구성원들이 언어코드를 달리함을 확인할 수 있었고,
이는 구술적 특성으로도 설명될 수 있다. 상기 사례의 20대 여성은 학생
들과의 대화를 통해 10대들이 주로 사용하는 줄임말 등을 습득하고 학
생들과의 친근한 소통을 위해 이를 사용하는 등, 각 채팅창에 따라 공유
하는 메시지나 메시지를 전달하는 언어형식을 다르게 적용하고 있었다.

　더불어, 공동체의 구성원들과의 대화 방식에서도 더 정교한 방식을
추구하여 목적에 따라 대화를 세세하게 구분하고 있었다. 해당 참여자
는 채팅창의 제목을 확인한 후 각 방에 참여하고, 참여자들을 확인하는
습관을 통해 다양한 그룹대화를 각각 인지하고 필요한 역할 수행을 실
천하고 있어 각 공동체에 따른 언어습관 변화가 어떻게 가능한지 잘 보

여준다.

4.4. 친밀 공동체

친밀 공동체는 즉시성과 이차적 구술성을 통한 구분에서 두 가지 요소가 모두 높게 나타나 구성원 간 상호주관성이 가장 높게 나타나는 그룹이다. 친밀 공동체의 구성원들은 가상공간 대화에서 현실에서와 마찬가지로 즉각적인 반응을 보이고, 구어와 유사한 특징으로 편안하고 친밀감 있는 대화를 나누고 있었다. 현대사회의 개인들은 바쁜 일상과 주변과의 교류 감소로 섬처럼 고립되기 쉽지만, 가상공간을 통해 물리적 거리감을 극복하며 연결되고 소통하는 모습이 친밀 공동체에서 포착되고 있다. 이와 같은 친밀 공동체에 해당되는 경우는 주로 가족, 친구, 종교단체 등이 있었다. 친밀 공동체는 친분에 의한 순수한 가상대화가 생성되는 경우가 대부분이며 일상의 사소한 경험까지 공유하면서 정서적 친밀감을 극대화시키고 소속감을 강화하고 있었다.

친밀 공동체의 한 예로 10대 여자 고등학생의 인터뷰 내용을 들 수 있다. 10대 청소년들에게 카톡은 대화채널이면서 동시에 학교나 입시, 일상의 스트레스에서의 해방구 역할을 하고 있었다. 청소년들은 카톡을 통해 친구들과 취미생활을 공유하면서 그들만의 놀이의 장을 형성하고 있었다. 사례에서의 여학생은 학교에서 학급회장을 맡고 있으며 학업성취도도 높은 편으로 모바일 게임을 전혀 하지 않으며 SNS의 경우는 평소에 학급 친구들의 사진 등을 찍어 업로드하여 앨범처럼 사용하고 있었다. 해당 학생은 평소에 휴대폰 사용은 학교에서는 쉬는 시간마다 자유롭게 사용하지만 집에서는 일정 시간만 쓰도록 부모님이 제한하고 있었다. 이 학생이 모바일을 통해 가장 많이 하는 활동은 학급회장이기 때문에 선생님과 반 친구들에게 연락을 주고받는 일이었다.

"아무래도 회장이다 보니까 선생님이 저한테 직접 연락주시면 제가 애들한테 종례할 때 전달하기도 하고, 집에 가서도 애들한테 연락이 계속 와요. 숙제 뭐냐고, 뭐 알려달라고 연락 올 때도 있고, 그러면 대답해 주고, 그래서 항상 선생님이나 친구들하고 연락을 좀 많이 하는 편이에요. 선생님은 이야기하면서 수정사항이 있는 편이라 전화로 하는 게 가장 편하긴 하죠." (10대, 여)

해당 사례의 연구 참여자는 모바일 공간을 통해 이러한 일상적 대화뿐 아니라 취미생활이나 자신이 열광하는 것을 공유하였던 기억을 서술하였다. 이 학생은 인터뷰를 통해서 자신이 평소에 가장 몰입하고 있는 취미활동이 아이돌을 좋아하는 것임을 밝혔다. 학교생활에 충실하기도 한 이 학생은 휴대폰 배경화면에 자기가 좋아하는 아이돌 사진을 지정해 놓았는데 평소 인터넷을 통해 자신이 관심을 가지고 있는 남자 아이돌 그룹의 정보를 찾는 일에 많은 시간을 쓴다고 이야기하였다. 그리고 반 친구들에게 인기도 많은 편으로 학업 관련해서 혹은 친구들 상담을 위해서 아이들과 많이 연락을 주고받고 있는 친구였지만, 무엇보다도 자신이 마음이 맞아 먼저 연락하는 친구에 대해 이야기할 때와 최근 기억에 남는 연락상황 등을 이야기할 때에는 취미생활이 일치하는 친구들과의 이야기를 집중적으로 이야기해 주었다.

"(연예인 이야기를 공유하는) 친구들이 아이돌 행사에서 댄스 대회가 있다고 정보를 줬어요. 그래서 제가 참여해서 800명 중에 3등을 했어요. 1등, 2등, 3등까지 선물을 줬는데 … 사인된 폴라로이드랑 선물을 받았어요. 의상을 특이한 컨셉으로 해서 무대 올라가서 춤추고. (같은 그룹 팬인 친구들) 두 명은 참여는 안 했지만 멀리서 보고 있었다고 하더라구요. 그래서 서로 어디 있다, 뭐 하고 있다고 연락했었고 … 평소에도 카톡으로 많이 연락해요. 연예인 얘기가 가장 잘 맞아서요. 한 이야기가 나오다 보면 다른 이야기가 계속 나오고 연예인 얘기는 사실만 있는 게 아니라 상상도 있고. … 카톡을 이 친구들이랑 제일 많이 해요. … (연락 수단은) 카톡이랑 전화를 가장 많이 쓰기는 하는데, 카톡은 수다 떨 용도고 전화는 거의 용건 말하는 용도고." (10대, 여)

평소에도 같은 아이돌을 좋아해서 먼저 연락하거나 친한 친구로 꼽았던 친구들을 팬클럽이 모인 떠들썩한 행사장에서 만났던 상황을 굉장히 유쾌하고 즐겁고, 같은 상황을 공유했다는 측면에서 즉시성과 이차적 구술성이 모두 높은, 상호 간 몰입도가 굉장히 높은 친밀한 상황으로 회상하고 있었다. 이렇듯 현실 상황을 다시 한번 공유하면서 감동과 감정이 배가 되고 있었다. 특히 이 학생은 연예인이라는 관심사가 일치하는 친구들과 평소에도 가장 많이 카카오톡을 통해 연락하고 있었고, 간단하게 용건을 전해야 할 때는 주로 전화를 선호하지만 친교적 목적, 그야말로 '수다'를 떨고자 할 때 카카오톡 사용이 많다는 점을 이야기했다. 이러한 특성은 아래 10대 남자 고등학생의 특성에서도 나타난다. 다만 여기서의 공통의 관심사는 아이돌이 아닌 비디오 게임에 있다.

"평소에 (연락을) 카톡으로 다 해결하려고 해요. 부모님, 친구들이랑 할 때요. … (이 친구들이랑) 개인톡도 하고, 그룹도 하는데, 주로 게임 때문에. 같이 (게임상에서) 만나려고. 롤이라고, 이제 거의 모든 남자애들이 다 해요." (10대, 남)

두 번째 사례는 친구관계 다음으로 친밀 공동체에 가깝게 나타났던 그룹으로 가족과의 친밀한 연락이다. 특히 모성의 돌봄이 강하게 나타나 성역할 구분이 그대로 드러났다. 인터뷰를 하면서 자녀들과 어머니 그리고 남편과 아내의 연락은 그 소재가 대체로 일상적인 것이 많았다. 특히 어머니가 주부인 경우 연락 패턴은 매우 정기적이고 주기적이며 그 이유도 대체로 유사하여 귀가여부에 따라 저녁을 준비해야 하는지, 어떤 음식을 준비할지에 관해 주로 묻고 있다. 인터뷰 참여자 중 중년 여성들의 경우 집안일을 하거나 부양해야 하는 노부모가 있는 경우, 환자가 있는 경우 가정의 대소사를 친척들과 의논하기 위해 공동 채팅방을 이용한다고 말한 경우도 있어 젠더화된 일상생활 영역이 모바일 대화의 구성에 그대로 전사되고 있음을 알 수 있었다.

"엄마가 편하다고 생각해서 카톡으로 먼저 연락을 하세요. 그래서 카톡으로 많이 얘기하는데 주로 저녁에 밥 뭐 먹을지 그런 것들." (10대, 남)

"저녁에는 남편이나 아이들이랑 연락해서 반찬 뭐 해놓을까 그런 얘기 하죠." (50대, 여)

"그룹채팅은 어머님이 아프시니까 친척들끼리 같이 누가 언제 병원에 가고 이런 것들 의논하려고 쓰고 있죠." (50대, 여)

30대 남성_{자영업}의 경우도 다양한 공동체 연결에 카카오톡을 이용하고 있었는데, 그중에서도 가족들과 가장 활발히 사용하고 있다고 답했다.

> "아무래도 단체카톡이 제일 유용하죠. 제가 참여하는 모임이 쭉 있어요. 그럼 단체카톡 만들어 놓고 거기서 다 약속 잡고 하는 거죠. 관리나 연락이 쉬워졌죠. 학교 모임, 친구들 모임, 가족 모임. 가족 모임 같은 경우에는 저도 아이가 있고 누나네 쪽이나 다들 애기 있으니까 서로 사진 보여주고 공유하고 또 부모님한테도 보여드리는 거죠. 계속 열어놓고 수시로 공유해요. 가족들끼리 모여서 찍은 사진을 서로 보내주기도 하고" (30대, 남)

50대 남성 참여자의 경우 가족들과도 활발하게 카카오톡을 이용하고 있었으나 프리랜서로 일하고 있는 만큼 업무 영역에서의 멀티미디어 전송 기능 등을 적극적으로 활용하고 있음을 강조했다. 반면 40대, 50대 여성 참여자들의 경우 학생들을 가르치고 있는 50대 이혼 여성을 제외하고는 대부분이 가족, 친구, 종교단체 내에서의 연락이 두드러졌다.

다음으로는 친밀공동체의 이차적 구술성과 즉시성의 특징을 대화내용 캡처를 통해 비교해 보고자 한다. [그림 4-13]을 보면 왼쪽 대화방의 참여자_{20대 여성, 직장인}는 가족과 저녁식사를 함께하기 위해 대화를 나누는 상황이고, 오른쪽 대화방의 참여자_{20대 여성, 학생}는 평소와 같이 친구들과 대화를 나누는 상황이다. 두 상황 모두 참여자들이 카카오톡을 통해 연락하는 가장 친밀한 집단이다.

형식적 특징을 살펴보면 두 집단 모두 이모티콘과 같은 정서표현이 두드러지고, 발화 단위로 끊어서 메시지가 전송되고 있으며 일반적인 쓰기의 형식에서 많이 벗어난 모습이다. 또한 일상적 대화와 고민상담을 통한 감정교류, 정서적 지지가 이루어지는 것을 볼 수 있다.

 그림 4-13 친밀공동체의 예

4.5 공동체 유형 간의 비교 및 관계

즉시성과 이차적 구술성은 본 연구의 분석에 있어 각기 횡축과 종축으로서 공동체 구분에 중요한 요소이다. 그러나 모바일 공동체에 적극적으로 몰입하는 것은 즉시성을 기본으로 하며 이차적 구술성은 친밀정도에 더 가까운지 구분할 수 있는 더욱 세부적인 분류 요인이 된다.

　이에 즉시성이 모두 높으나 이차적 구술성에서 차이를 보이는 공적 공동체와 친밀 공동체를 좀 더 자세히 비교해 보고자 해당 공동체의 특징이 모두 나타나는 사용자의 카카오톡 대화를 분석해 보았다. 카카오톡을 통해 친밀 공동체를 구성하고 있는 연령대는 10대와 20대가 많았는데 공적 공동체와의 비교를 위해 20대 중 한 명을 선정하였다. 20대의 미혼이며 석사 이상의 학력을 가진 직장인의 경우 사적 영역뿐 아니라 공적 영역에서도 본인의 다양한 사회적 관계를 위해 카카오톡 대화를 활발히 이용하고 있었다. 해당 여성은 10개의 그룹채팅이 현재 개설되어 있었다. 물리적으로 먼 곳에 떨어져 있는 경우뿐 아니라 실제 생활에서 밀접한 거리에 있는 사람들과의 관계를 관리하고 정보공유 및 친밀성을 더 확보하기 위해서 모바일을 통해 항상 연결되어 있다는 것 자체가 중요한 의미를 갖고 있었다.

　공적 공동체와 친밀 공동체의 즉시성 정도를 비교하기 위해 위에서 선정한 이 연구 참여자의 대화빈도를 살펴보았다. 공적 공동체인 회사와 친밀 공동체인 가족/절친한 친구관계와 대화를 주고받는 간격을 비교해 보았다. 하루 동안 연락을 주고받는 간격이 가장 작은 것은 친구들 그룹으로 최소 0분 최대 28분 간격이 있었고, 간격이 가장 큰 것은 가족 그룹으로 최소 0초 최대 약 4시간 30여 분의 간격이 있었다. 공적 공동체와 친밀 공동체 모두 연락 간격이 대체로 짧은 편이었으나 집에서 생활을 같이하는 가족의 경우 떨어져 지내는 관계보다 카카오톡을 사용하지 않는 시간이 긴 것으로 나타났다. 해당 참여자가 하루 동안 공적 공동체와 친밀 공동체에 카카오톡을 통해 연락한 것을 연락 간격별 빈도로 정리하였다. 피드백의 간격은 대화 참여자 모두를 대상으로 했으며,

한 회의 발화 이후 이어지는 발화의 간격을 기준으로 계산하였다.

이를 살펴보면 공적 공동체에 비해 친밀 공동체가 대화 참여 인원수가 더 적음에도 불구하고 대화의 참여빈도가 대체로 높고 짧은 시간 동안 집중적으로 연락하는 경향이 있으며 빠른 피드백을 보이는 것을 알

 공적 공동체와 친밀 공동체 연락 간격 비교

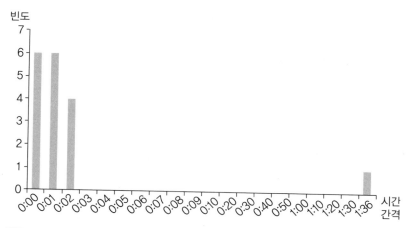

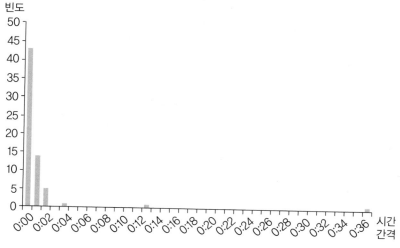

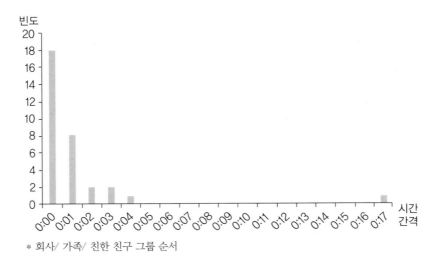

* 회사/ 가족/ 친한 친구 그룹 순서

수 있었다. 그러나 이와 같은 결과는 참여자의 공적 공동체 중에서도 참여자 간 직장 내 수직관계가 차이가 크며 연령대 폭이 넓은 대화내용임을 고려할 필요가 있다. 연령대가 비슷한 여성 동료들과의 대화는 피드백의 정도가 현재의 공적 공동체보다 빠르며 친한 친구 그룹에 가깝게 나타난다. 따라서 공적 공동체와 친밀 공동체의 비교를 통해 친밀 공동체가 공적 공동체보다 피드백이 더 빠르고 자발적인 대화 참여율이 더 높지만 공적 공동체 내에서도 구성원의 다양성과 관계의 정도에 따라 즉시성 정도는 차이를 보일 수 있음을 알 수 있다.

"제일 막내이다 보니까 단체 방에서 말할 때 말도 더 많이 쓰고 그렇죠. 이때 당시 부서 전체 모임 이후에 찍은 사진을 카톡 그룹채팅방으로 보냈었어요. 아무래도 직급이 높으신 분들은 말씀 안 하시고 확인만 하시기도 하는데, 누가 말하면 (저는) 바로 대답해드리고 반응도 보여야하고 그렇죠." (20대, 여)

연락 간격을 수치로 비교한 것만으로 분석이 부족한 부분은 대화내용을 참고할 수 있었다. 연구 참여자는 공적 공동체로서 직장 동료, 상사들과 안부성 메시지나 업무 관련 메시지 등을 수시로 주고받고 있었다. 그리고 직장 동료들과 이용 중인 대화그룹이 총 4개로 위의 논의와 같이 각각의 성격은 조금씩 차이가 난다. 빈도분석에 이용한 그룹의 경우 부서의 가장 직급이 높은 직장상사가 포함된 그룹으로, 직급이 낮은

표 4-8 20대 여성 참여자의 그룹채팅 이용 현황

No.	모임 성격	주 이용목적	참여자 수	참여자 연령대	친분정도	사용빈도	공동체 성격
1	직장 모임 (상사 포함)	친목 및 교류	10명	20~50대	어려운 편	매일	공적 공동체
2	직장 모임	친목 및 정보교환	4명	20~30대 (여자)	친한 편	매일	공적 공동체
3	가족	귀가사항, 식사 참여 등 수시로 연락	4명	20~50대	편한 사이	매일	친밀 공동체
4	대학원 선후배	안부 및 모임 개시	5명	20~30대	친한 편	주 1회	형식적 공동체
5	입사동기	친목 및 정보교환	3명	20대	친한 편	주 4회 이상	공적 공동체
6	중학교 동창	안부 및 약속 정하기	3명	20대	매우 친함	주 1회 이하	친밀 공동체
7	직장 내 타 부서 동료	친목	4명	20~30대	보통	주 2회 이상	공적 공동체
8	종교 모임	모임 구성	4명	20~30대	친한 편	월 1회 이상	형식적 공동체
9	대학 모임	안부	5명	20대	보통	월 1회 이상	간헐적 연락관계
10	대학 모임	안부 및 약속 정하기	3명	20대	친한 편	주 1회 이상	형식적 공동체

* 상기 이용 현황 표는 이용자의 자기기입식 응답을 바탕으로 작성되었음.
* 사용빈도 항목은 동시적인 대화의 시작과 종료를 1회로 보며, 발화의 간격을 측정한 즉시성과 구별됨.

'직장 막내'로서 연구 참여자가 직접 개설한 그룹채팅방이다. 추석 인사 메시지 전달, 단체사진 공유 등으로 주로 사용이 되며, 연령대가 높은 직원들은 직접적인 대화 참여가 적었다. 네 그룹 중 가장 사용빈도가 높은 입사동기들과의 그룹은 보고서 마감 날짜 및 업무 관련 사항 공유 등 업무 및 직장생활에서 필요한 정보들이 끊임없이 오가고 있었다. 친밀 공동체로 분류된 친한 친구들과의 대화에서는 결혼식 참여나 기념일 만남과 같은 대소사와 근황을 포함하여 교환, 수다 떨기, 사진이나 가십 공유 등 다양한 목적으로 사용하고 있었다. 가족과는 출퇴근을 기준으로, 떨어져 있는 동안의 연락 목적으로 위치 확인, 안부, 기념일 계획, 사진 공유 등의 방식으로 일상적으로 활발히 이용하고 있었다.

전체적으로는 지인들과의 친교적 역할뿐 아니라 사회생활에서의 역할 역시 모바일 연결을 통해 동시에 관리하고 있었다. 앞의 〈표 4-8〉에서 정리했던 10개의 그룹채팅 내용을 즉시성과 상호주관성 강도에 따라 [그림 4-15]와 같이 도표로 분류해 보았다.

간헐적 연락관계로 분류된 그룹은 한 개로 9번이 이에 해당됐다. 이 그룹의 구성원들은 사용자의 대학 학과동기들로서 자주 연락하지는 않는 상태로, 다른 그룹에 비해 상대적으로 친밀도가 떨어진다고 응답했다. 이들의 대화에서는 간단한 안부 인사만 집중적이지 않은 간격으로 오고갔다. 형식적 공동체는 총 세 개의 그룹으로 4번 대학원 선후배, 8번 종교 모임, 10번 대학동창 모임이 있었다. 이들은 모두 사용자와 친분을 유지하고는 있지만 학교 졸업 이후 그리고 종교 모임을 통해 만나게 된 이후 다시 만나기가 물리적으로 어려운 경우들이었다. 때문에 편한 사이로 계속 연락을 주고받고는 있으나, 생활시차 및 실제로 자주 만날 수 없다는 거리감 때문에 전반적인 연락의 빈도와 응답 간격이 뜸한

그림 4-15 9번 참여자의 카카오톡 대화그룹 공동체 구성

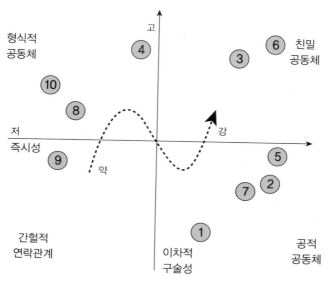

* 〈표 4-8〉의 그룹 번호 참조.
* 즉시성과 이차적 구술성 측정 기준 : 즉시성의 경우 수집된 카카오톡 대화에서의 응답시간 평균을 기준으로 +, − 점수를 내었음. 이차적 구술성의 경우는 단어의 축약, 구두점의 생략, 한 단어 표현, 발화의 중단, 의성어, 이모티콘 사용을 항목화하여서 말하기의 특성/쓰기의 특성으로 나누어 +, − 점수를 내었음.

편이었다. 공적인 공동체는 총 네 개의 그룹으로 1번 직장 모임_{상사 포함}, 2번 직장 모임, 5번 직장 모임_{입사동기}, 7번 직장 내 타 부서 동료 모임이 이에 속해, 실제 직장에서 함께 사회생활을 하는 그룹이 모두 이에 포함되었다.

친밀 공동체는 3번 가족, 6번 중학교 동창 총 두 개의 그룹으로 가장 친밀도가 높고 구술적 언어 사용과 즉각적인 몰입과 연락 모두 높은 강도를 나타냈다. 3번의 경우를 보면 누가 보아도 가족인지 알 수 있을 정

도로 실제 말투처럼 편안하고 친근하다. 단문으로 이어지는 대화 속에는 남매간의 투닥거림, 어머니가 자녀들을 걱정하는 모습, 아버지와 아들의 닮은 뒷모습이 담긴 사진의 공유까지 가족 간의 따뜻한 모습이 고스란히 나타나 있다. 하루의 일과와 대화가 고스란히 남아 가족의 공유된 기억, 역사를 보여주고 있었다. 이처럼 친밀 공동체 중에서도 일상에서 가장 밀접한 관계를 유지하고, 높은 결속을 보여주는 가족은 본 논문의 공동체 형성 모델의 중요한 기준을 모두 충족시키는 가장 전형적인 예이기도 하다.

결속의 정도로 볼 수 있는 상호주관성 정도를 [그림 4-16]에서 도식적으로 표현했는데, 점선의 화살표로 표시한 바와 같이 N자 형태로 그 강도가 높아지는 것으로 드러났다.

 공동체 구성의 구분과 상호주관성의 강도

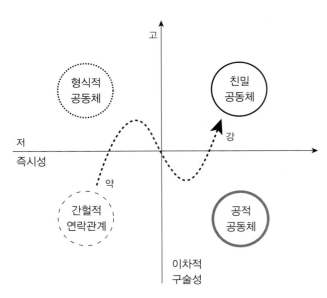

　공동체 구성별로 정리 요약해 보면 분석결과에서 논의한 바와 같이 간헐적 연락관계는 카카오톡을 거의 사용하지 않는 참여자에게서 해당이 되는데, 연락의 즉시성과 이차적 구술성이 모두 낮게 나타나 모바일 공동체의 구성이나 참여에 거의 관심을 가지고 있지 않고 일방적으로 가끔 연락을 받기만 하는 경우였다. 형식적 공동체는 편안한 사람들과 가끔 이야기는 나누되 즉시성을 보일 정도로 몰입해 있지는 않은 경우였다. 공적 공동체와 친밀 공동체는 모두 즉시성 측면에서는 비교적 높은 결과를 나타냈지만 공적 공동체의 경우는 사적이고 정서적 지지가 강한 친밀 공동체에 비해서 이차적 구술성이 많이 나타나지 않았다. 공적 공동체에서는 업무적이거나 경어체와 같은 어투를 사용해 이메일이나 장문의 문자 메시지를 이용하여 글말의 특성이 더 두드러졌다. 친밀 공동체가 즉시성, 사용하는 언어의 구술적 특성이 가장 높았으며 정보공유의 측면이나 더불어 공유하는 내용에 있어서도 더욱 사적이고 정서적 지지를 이끌어내는 대화를 많이 포함하고 있었다.

　연구결과를 살펴보면 이차적 구술성은 높지만 즉시성은 낮은 형식적 공동체에 비해 이차적 구술성은 낮지만 즉시성이 높은 공적 공동체가 더 높은 상호주관성이 형성되는 것으로 나타났다. 공적 공동체의 경우 언어적인 친밀성이 떨어지기는 하지만 사용자의 현재 사회생활, 인간관계와 매우 밀접하게 연관되어 있고 때로는 의식적으로 빠른 인지를 요구받기도 한다. 이에 더 높은 즉시성이 나타나, 이를 통해 동 시간을 공유하면서 물리적 거리감을 좁히고, '우리' 관계가 강해지게 된다. 반면, 형식적 공동체의 경우는 과거에 물리적으로 가까운 관계에서 친밀감을 유지했으나, 현재는 가상세계에서 만나는 것이 여러 가지 요인으로 더 편리한 관계가 많아 지속적인 경험의 공유가 약하고 전반적으로 연락의 빈도도 공적 공동체에 비해 떨어지는 것으로 나타나, 강한 소속감과 구성원으로의 공통의 정서를 느끼기에는 상호주관성이 더 낮게 나타났다. 이는 한 편으로, 카카오톡이 온라인과 같이 온전히 익명성을 기반으로 하는 공동체가 아니라 현실세계의 관계를 기반으로 한 관계에 영향을 주고 또 영향을 받는 것과도 관련이 있다.

지금까지 살펴보았듯이 카카오톡은 한 개인이 다양한 수준의 상호주관성을 갖는 여러 개의 공동체에 속할 수 있는 소통 플랫폼의 역할을 하고 있다. 하지만 한 개인이 이러한 여러 공동체에 동등한 비중으로 참여하는 것은 아니며 주로 참여하는 공동체는 개인의 사회인구학적 특성과 연관되는 경향을 보인다. 적극적으로 스마트폰과 같은 기기를 이용하는 젊은 세대는 확실한 친밀 공동체를 구성하는 반면, 새로운 기기 사용 등에 아직 적응하지 못한 세대들, 혹은 새롭게 이러한 소통의 영역에서 일종의 재사회화를 겪고 있는 세대들은 일종의 과도기적 특징을 나타내고 있었다. 또한 성별, 학력, 직업적 특성 등에 따라 모바일 사용과 공동체 구성과 유지 방식의 차이점이 나타나는 것으로 드러났는데, 이를 [그림 4-17]에 정리하였다.

사용자의 연령과 공동체 유형 간의 연관성은 연령에 따른 직업이나 생애과정으로 설명된다. 직업별로 카카오톡을 자신들이 속한 공동체와의 연결을 위해 이용하는 방식의 차이를 발견할 수 있었다. 전반적으로 카카오톡이 주로 사적인 관계에서 광범위하게 사용되고는 있지만 이는 공적 영역이 사실상 없는 10대나 20대의 대학생 등의 경우에 해당되었으며, 20대 후반과 30대의 프리랜서나 직장인들은 공적 영역에서의 의사소통을 위해서 카카오톡을 이용하고 있었다. 이들은 공적 영역의 사회적 관계를 관리하기 위해 그룹대화를 통해 다양하게 모바일 가상대화

그림 4-17 인구사회학적 요소별 공동체 구성

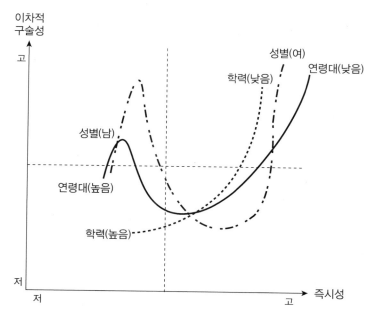

를 이용하고 있었다. 40대의 경우 대체로 사용량이 적었으나 주부들의 경우 자신들의 돌봄을 위해 가족들과의 연락수단으로 주로 사용하거나, 친교 목적으로 사용하는 등 성별 영역의 특징이 그대로 드러나고 있었다. 50대 프리랜서 남녀의 경우 전문적인 일을 위해 적극적으로 이용하고 또 배워가면서 새로운 의사소통 방식에 편입되고 일종의 새로운 교육을 통해 자신의 사회적 관계를 지속하고자 하는 모습을 찾아볼 수 있었다. 위와 같은 사용방식에서는 즉시성은 높으나 사용되는 언어의 구술적 특징이 낮게 나타나 이차적 구술성의 특성이 작게 나타났다.

이상의 분석을 통해 모바일 메신저 카카오톡을 이용한 소통 방식의 변화는 개인주의에 의해 단순히 공동체의 결집을 약화시킨다기보다는 새로운 방식의 연결을 통해 공동체적 결합을 만들어 나간다는 것을 알 수 있었다. 이러한 결합을 형성시키는 요소로서 즉시성과 이차적 구술성, 궁극적으로는 이 둘을 조합한 상호주관성을 함께 살펴보았으며, 연령이나 생애과정, 직업 등에 따라 자신들이 속한 다양한 공동체에 접속하고 이를 관리하는 방식으로 카카오톡을 사용하고 있는 것을 알 수 있었다. 이를 통해 모바일 공간이 면대면 관계와 그 성격이 동일하지는 않지만 새로운 방식으로 친밀 공동체의 연결을 강화할 가능성이 있음을 알 수 있으며, 트위터나 페이스북 같은 소셜 미디어뿐 아니라 사적인 공간의 대화영역으로만 여겨졌던 모바일 대화공간이 한편으로 개인들의 사적 영역뿐 아니라 공적 영역에서의 공동체적 특성을 유지시키는 역할을 한다는 것을 알 수 있다.

제5장

모바일 시대 가상 공동체의 중첩과 조율

1. 카카오톡 : 상호주관성의 중첩과 조율

본 연구는 피셔의 지적처럼, 현대사회의 인간관계가 점점 '고립' 되어 가고 있지 않다Fischer, 2001는 입장을 지지하였다. 휴대폰은 이미 착용 가능한 우리의 또 다른 디지털 정체성Wearable Digital Identies으로 자리 잡았고Boullier, 2012 이와 같은 모바일 공간을 기초로 개인들은 새로운 유대의 장을 형성하여 사회적 관계 형성에 기여를 한다는 것에 주목했다. 단순히 휴대폰이나 모바일 메신저 이용만으로 공동체의 구성 및 유지가 가능하다는 것이 아니라, 사용자가 자신의 생활 패턴이나 환경에 맞추어 이를 이용하면서 기존의 사회적 관계의 결속에 긍정적 영향을 줄 수 있다는 것이다.

우리는 모바일을 통한 소통이 다른 채널을 통한 연락과는 구분되는 다양한 사회적 관계와의 소통이며, 동시에 사용자가 다양한 공동체의 관리를 위해 활용하고 있음을 관찰하였다. 이를테면 모바일은 PC 이용을 통한 인터넷 연결보다 공간제약이 적으며, 직접적인 전화통화보다 더 편리하다고 할 수는 없지만 다른 일을 하면서 지속적인 연락이 가능하다. 이로 인해 친밀도와 필요에 따라 다양한 사용이 가능해, 각기 다른 특징을 보이는 여러 그룹과의 소통에 유용하게 이용할 수 있다. 그리고 이렇게 형성된 다양한 모바일 공동체의 유형을 구분하였다. 이 책은 모바일 공동체 형성과 구분을 위한 요소로서 '즉시성'과 '이차적 구술성'을 제시하였다. 시공간의 제한을 극복하는 '즉시성'과, 문자성과 구술성의 특징을 함께 내포한 언어적 특징인 '이차적 구술성'이 친밀한 대화와 소통을 가능케 함으로써 궁극적으로는 공동체 내의 상호작용을 통한 상호주관성이 형성된다고 보았다. 그 결과 전통적 공동체의 소통

방식과 구분되는, 심지어 온라인 공동체와도 구분되는 모바일 공동체적 특징이 출현했음을 확인하였다.

이러한 탐색과정에서 저자들이 주목한 점은 상호주관성의 형성에 있어서 구성원 간의 직접적인 상호작용보다는 지향점을 공유하는 것이 중요하다는 슈츠Schutz의 통찰이다. 슈츠에 따르면 우리 관계we relation의 형성에서 중요한 요인은 우리가 서로 직접 대화를 주고받는다는 사실 자체보다는 같은 대상을 즉시temporal immediacy적으로 관찰하거나 향하고 있다는 점이다Schutz, 1964. 카카오톡에서 하나의 그룹채팅에 참여한다는 것은, 매번 대화에 직접 참여하지 않더라도 구성원들의 대화를 즉시적으로 관찰하면서 같은 지향을 공유하고 우리 관계를 유지하는 것과 같다. 이처럼 우리 관계, 넓게는 상호주관성을 유지하고 있을 때 나중에 대화에 참여하더라도 어색함이 없이 공동체의 일원으로 소통할 수 있게 된다.

모바일 공동체는 기존의 면대면 관계, 온라인 공동체와 유사하게 공동체 내에서의 소속감을 유지한다는 측면이 있다. 그러나 모바일 공동체를 간헐적 연락관계, 형식적 공동체, 공적 공동체 그리고 친밀 공동체와 같은 세부적인 공동체로 나누어서 보았을 때, 한 사람이 동시에 여러 공동체에 다양하게 속하기도 하고 시간이 지남에 따라 현재 구분된 위치에서 이동하기도 한다는 점에서 차이를 보인다. 모바일 공동체는 기존의 공동체들에 비해 더욱 유동적이고 변동적이며 유연한 조정이 가능하다는 특징을 보이고 있다.

각 모바일 공동체의 유대감의 정도는 가족과 같은 혈연관계, 공적인 집단과 사적인 집단 등으로 나누어 명백하게 그 정도를 구분할 수 있는 것은 아니었다. 오히려 다양한 이해관계, 친밀한 관계 그리고 취미나 공통의 관심사 등 복합적 요인에 의해 구성 된 집단 간 상호주관성의 형성 정도에 따라 유대 정도도 다르게 나타났다.

모바일 공동체의 네 가지 유형은 사분면 상에서 N자 형태로 상호주관성이 강화되는 모습이 나타난다. 그리고 모바일 공동체를 구성하는 개인에 따라서 본인이 속한 공동체의 구성이 4개의 분류 중 일부 공동체에만 해당되거나 혹은 두 개 이상의 공동체에 편중될 수도 있으며, N자 형태로 전체에 걸쳐 분포할 수도 있어 다양한 구성형태를 보일 수 있다.

정리하자면 모바일 공동체를 통해 확인할 수 있었던 새로운 공동체의 특징은 퇴니에스의 주장처럼 이해관계로만 재편된 관계도, 바우만이 예로 들었던 온전히 임시의 구경거리를 위해 모인 카니발 공동체도 아니었다. 오히려 유대나 결집 정도가 다양한 개인의 사회적 관계들이 복수의 모바일 공동체로 동시에 분포하고 있었다. 과거의 공동체에서 중요했던 혈연관계, 종교 관계뿐 아니라 공적 관계, 사적으로 친밀한 관계, 취미와 같은 공통의 관심사를 가진 경우 등 다양한 관계가 함께 공존하고 있었다. 개인은 이러한 다양한 사회적 관계를 유연하게 조정하기도 하고 한편으로는 본인의 의지로 조정할 수 없는 부분에 있어서는 새로운 관계에 적응하기도 하면서 각각의 공동체에 속해 있었다. 이는 액체화된 질서 속에서도 개개인들이 파편화되고 수동적인 역할만 하고 있는 것이 아니라 개인화된 연결 속에서 빠른 공동체로의 연결과 접속, 그리고 다양한 관계들의 조율과 변형을 계속 이어가고 있다는 것이다.

상호주관성의 강도 측면에서 즉시성이 중요했다면 이러한 조율의 측면에서는 이차적 구술성이 중요했다. 즉시성의 경우는 자기공개를 바탕으로 친밀성이 형성되고 더 잦은 상호작용을 유발하지만 한편으로는 프라이버시의 공개로 인해 사용자에게 부담감을 주기도 한다. 다시 말해, 카카오톡에서 메시지에 대한 수신여부를 보낸 상대방이 알 수 있게 되면서 피드백이 빨리 요구되고 새로운 모바일 관계의 에티켓처럼 정착되면서 사용자 간 긴장감을 유발하는 측면이 있다. 그리고 이러한 긴장관계로 인해 빠른 피드백이 이루어지는 측면이 존재한다. 카카오톡에서 관찰된 이차적 구술성은 온라인에서 주로 사용되는 통신언어의 특징을 가지면서도 구술적인 특성이 강화된 측면이 있다. 빠른 피드백을 위해 이용자들은 경제적인 언어를 더욱 선호하는 경향이 있었으나 이는 친밀한 관계에서 더욱 구어체와 유사한 대화를 나누는 반면 공적인 관계에서는 이메일에서 쓰는 것과 같이 장문의 '글'을 전달하는 모습이 나타나 친밀성과 모바일에서 구현되는 언어의 구술적인 특성의 관련성을 알 수 있었다. 친밀한 관계인 경우 상대방에게 즉각적 반응을 보이는 대신 훨씬 덜 정제되고 구술적인 반응을 통해 즉각성이 가져다주는 긴장감을 완화시키는 조율효과를 관찰하였다.

본 연구를 진행하면서 아쉬운 점들도 있었다. 무엇보다도 인터뷰가 아비텔 프로젝트의 연구목적에 부합하도록 진행된 것이기 때문에 면담의 전체 시간을 카카오톡을 위한 질문에 많이 할애할 수 없었다. 그럼에도 국내 스마트폰 사용자들이 카카오톡 애플리케이션을 많이 이용하는 탓에, 아비텔 프로젝트 연구 설문에 대한 참여자들의 응답이 카카오톡 모바일 공동체를 위한 연구질문과 연결되어 있어 관련 내용을 기반으로 연구 내용을 보강할 수 있었다. 또한 응답이 불충분하거나 연구 케이스에 적합한 대상자의 경우는 정해진 시간1시간~1시간 30분 이외에 추가 시간을 두어 카카오톡을 중심으로 개방형 질문을 더 하기도 하였다.

또한 연구 대상자의 스마트폰 데이터를 추출하여 연구에 활용한 점은 큰 장점이나, 카카오톡과 직접 관련된 데이터, 예를 들어 카카오톡 대화 수나 접촉 상대 수 및 접촉 시간 등의 추출은 기술적인 이유로 가능하지 않아 직접 선별적으로 대화내용을 수집해야 했다. 때문에 대용량의 대화기록을 수집하지는 못하였다. 또한 선별적인 대화내용 수집도 프라이버시의 문제로 소수의 참여자만이 대화기록 제공과 연구활용에 응했다는 점도 한계로 볼 수 있다.

스마트폰은 인터넷 접속의 이동성을 획기적으로 증가시켰고, 이에 따라 소셜 네트워킹 플랫폼을 통한 소통의 즉시성은 눈에 띄게 향상되었다. 기존의 모바일 연구에서 즉시성이 중요한 요소로 거론되어 왔으나 경험연구를 통해 그 효과에 대한 실질적 검증은 부족하였다. 특히 이러한 모바일 환경을 기반으로 한 카카오톡은 일대일 문자서비스를 급격히 대체했을 뿐 아니라 소셜 네트워킹 플랫폼의 역할까지 겸할 정도로 그 파급력이 대단했지만, 그 사회적 의미에 대해 검증하기는 쉽지 않았다. 본 연구는 그러한 카카오톡의 사회적 의미, 특히 공동체의 유형과 형성에 미치는 영향을 탐구하였다는 데 그 의의가 있다. 더구나 이러한 탐구에서 공동체의 필수요소인 상호주관성을 포착하기 위해 언어적 측면에서 분석하였다는 점 또한 의의가 될 수 있다.

2. 카카오톡 이후 : 소통 플랫폼의 중첩과 조율

본 연구를 통해 관찰한 흥미로운 사실 중 하나는 한 개인이 하나의 모바일 플랫폼에서 상호주관성의 정도가 다른 다양한 공동체에 동시에 참여한다는 점이다. 물론 우리는 카카오톡 등장 이전에도 다양한 공동체에 동시에 속하면서 생활해 왔다. 그러나 이러한 여러 공동체는 생활의 리듬 속에서 서로 분리되어 집에서는 가족 공동체, 학교에서는 또래집단 공동체, 직장에서는 업무 공동체, 여가시간에는 취미 공동체 등으로 번갈아 우리의 소통공간을 차지했다. 카카오톡이라는 플랫폼에서 나타나듯이 여러 공동체가 동시에 중첩되지는 않았다.

그런데 카카오톡상에서 발견된 공동체의 중첩은 우리가 연구 전반에 걸쳐 강조한 상호주관성의 핵심요소에 위배되는 듯 보인다. 즉, 한 공동체 구성원들은 공통의 지향점담론이나 대화의 맥락을 공유하는데, 여러 공동체가 중첩되어 나타난다면 여러 지향점을 동시에 가질 수 있다는 뜻인가? 이는 결국 어떤 공동체의 지향점도 정말로 공유하지 않는다는 뜻으로 실은 참여자의 인식과는 달리 어떤 공동체에도 속하지 않는 것은 아닌가? 예를 들어, 우리가 여러 개의 카카오톡 그룹채팅방을 동시에 띄워놓고 종횡무진 댓글을 읽거나 달고 있을 때 우리는 정말로 각각의 채팅방에 참여하고 있는 것인가?

저자들은 이러한 질문에 대한 대답이 결국 공동체의 부재로 결론날 것이라고 생각하지는 않는다. 카카오톡상에서 사용자가 속한 여러 공동체들은 실재하며 그 사용자는 여러 공동체에 중첩적으로 참여한다고 생각한다. 그러나 즉시성의 강화로 인해 다양한 종류의 상호주관성이 중첩된 이러한 상황이 그 참여자에게 아무런 영향을 미치지 않을 것이라고 생각하지는 않는다. 아마도 큰 영향을 미칠 것이며, 지금까지의 탐구가 공동체에 미치는 영향이었다면 그 영향에 대한 탐구는 아마도 정체성에 미치는 영향에 대한 탐구가 아닐까 생각한다. 모바일 소통이 공동체에 가져온 변화가 면대면 소통에서 온라인 소통으로 이어진 변화와는 다른 변화의 특성을 보였듯이, 정체성에 가져온 변화도 그 독자성이 있을 것이라 생각한다. 하나의 탐구를 마무리하는 지금 얻은 가장 확실한 대답은 새로운 탐구의 방향이다.

이러한 향후 탐구의 방향에 대한 확신은 본 연구의 발견과 함의가 카카오톡이라는 특정 소통 플랫폼에 한정된다고 생각하지 않기 때문이다. 즉, 향후 카카오톡을 대체하거나 겨루는 소셜 플랫폼이 출현하더라도 이러한 다양한 공동체의 중첩은 유효할 것이라 전망한다. 아니, 이러한 공동체의 중첩은 다수의 플랫폼의 중첩에 의해 더욱 심화되고 사용자의 정체성에 관한 질문은 더욱 중요해질 것이라 전망한다. 좀 더 정확히 말하자면 모바일 혁명 이후 등장할 소셜 플랫폼들은 한 개인이 온라인 혁명 시대보다 더 작고, 아마도 더 친밀한 여러 소규모 공동체를 넘나드는 형태를 활성화시킬 것으로 보며, 저자들은 그러한 전망에 대한 근거와 함의를 끝으로 이 책을 마치려 한다.

스마트폰이 등장하기 이전에는 페이스북이건 트위터건 그 이전 싸이월드건, 소셜 네트워킹 플랫폼을 이용하여 소통하기 위해서는 사용자가 집, 일터, 심지어 카페 등에서 일정 시간 자리를 잡고 앉아서 개인용 컴퓨터를 마주하고 몰입하여 활동했어야 했다. 이러한 상황에서 개인은 하나의 플랫폼을 집중적으로 익히고 그 플랫폼에 적응하며 머물렀다. 하나의 플랫폼은 가능한 많은 타인과 다양한 관계 옵션을 제공하는 거대한 소통수단이었고, 개인은 그 서비스에서 어떻게 그런 다양한 관계들을 효과적으로 관리할 수 있을지 궁리했다. 다른 종류의 관계를 위해 여러 플랫폼 서비스들을 넘나드는 경우는 드물었고, 내가 주로 머무는 플랫폼의 관계망이 나의 가상세계 관계망과 거의 일치했다.

그러나 모바일 혁명 이후, 사용자들은 간편하고 무심하게 네트워킹 플랫폼을 언제라도 접속하고 떠날 수 있게 되었다. 이러한 환경에서 플랫폼의 선택은 핸드폰 화면상의 앱application 아이콘을 터치하는 것만으로 이루어지며, 사용자들은 전보다 '가벼운' 플랫폼을 원하게 되었다. 즉, 거대한 플랫폼 안에서 옵션 기능을 익히면서 잘못된 설정으로 프라이버시가 노출될까 신경쓰기보다는, 자신이 특정 맥락에서 원하는 관계의 성격에 맞는 니치niche형 플랫폼을 설치하고 접속하기를 선호한다.

세계적으로 주목받는 니치형 플랫폼은 이미 셀 수 없이 많다. 카카오톡을 비롯, 우리나라의 또 다른 폐쇄형 커뮤니티 서비스인 밴드Band, 일본의 모바일 메신저 라인Line, 최근 카카오톡 이용자가 옮겨가 화제가 되고 있는 보안강화 메신저 텔레그램Telegram, 개인적인 사진 중심 소통을 하는 인스타그램Instagram, 짧은 동영상으로 교류하는 바인Vine 등이 모두 이에 해당한다. 인스타그램은 페이스북에 의해, 바인은 트위터에 의해 인수되었지만 페이스북이나 트위터는 인수한 플랫폼을 자신들의 기존 플랫폼에 흡수하지 않고 독립적인 플랫폼으로 서비스를 제공하고 있다. 아마도 가벼운 플랫폼들을 넘나들기를 선호하는 모바일 소통 패턴의 특성을 파악하고 있기 때문으로 추측된다. 이러한 경향이 계속된다면 페이스북도 하나의 니치 플랫폼, 혹은 스마트폰 화면을 채우고 있는 여러 소셜 미디어 앱들 중 하나일 뿐이다. 모바일 환경에서 과거와 같은 거대 독점 플랫폼이 출현하기는 점점 어려워 보인다.

모바일 중심의 가벼운 플랫폼들의 또 다른 특징은 대부분 기존 플랫폼보다 폐쇄적이라는 점이다Marketing Land, 2014년 5월 2일자. 개인들은 더 이상 이 세상 모두에게 접속할 수 있는 가능성의 혜택을 극대화하고자 하지 않는다. 한 소규모 공동체에서 짧지만 편안하게 소통하고 다른 공동체로 재빨리 넘어간다. 이러한 환경에서 주목할 만한 연결은 사람 간의 연결보다, 한 개인에 의해 이루어지는 다양한 소규모 공동체 간의 연결,

즉 다양한 상호주관성 간의 연결일지 모른다. 그리고 모바일 소셜 플랫폼의 다변화가 계속 진행된다면, 한 사용자가 개별 상호주관성의 특성에 적합한 여러 플랫폼들을 넘나들며 형성된 플랫폼 간의 연결이 더욱 중요해질지 모른다. 그러한 시대에 한 개인을 둘러싸고 있는 상호주관성의 총체로서의 정체성은 그 개인이 한 소통 플랫폼에서 맺고 있는 관계망의 총체로서 파악되는 수준을 넘어서, 그 개인에 의해 연결된 소통 플랫폼의 총체를 고려하여 이해되어야 할 것이다.

부 록

부록 1. 연구참여자 기술통계

별표 1 연구 참여자 연령 분포

(단위 : 명, %)

	빈도	비율
10대	8	16.0
20대	20	40.0
30대	13	26.0
40대	6	12.0
50대	3	6.0
계	50	100.0

별표 2 연구 참여자 결혼상태

(단위 : 명, %)

	빈도	비율
미혼	36	73.5
결혼	12	24.5
이혼	1	2.1
계	49	100.0

별표 3 연구 참여자 직업

(단위 : 명, %)

	빈도	비율
학생	18	36.0
전문직	25	50.0
미취업	5	10.0
서비스	2	4.0
계	50	100.0

별표 4 연구 참여자 교육수준

(단위 : 명, %)

	빈도	비율
고등학교 재학	6	12.2
고등학교 졸업	9	18.4
학사	4	8.2
석사	18	36.7
석사 이상 과정	12	24.5
계	49	100.0

별표 5 연구 참여자 스마트폰 제조사

(단위 : 명, %)

	빈도	비율
애플	11	22.0
삼성	29	58.0
엘지	3	6.0
팬텍	7	14.0
	50	100.0

별표 6 연구 참여자 스마트폰 모델

(단위 : 명, %)

	빈도	비율
애플 아이폰	11	22.0
삼성 갤럭시 S	21	42.0
삼성 갤럭시 노트	8	16.0
엘지 옵티머스	2	4.0
팬텍 베가	7	14.0
엘지 프라다	1	2.0
	50	100.0

별표 8 휴대폰 사용정도 평균(1~3점 척도)

		관측값	평균	표준오차	최소	최대
연령	10대	8	2.50	0.76	1	3
	20대	18	2.17	0.51	1	3
	30대	15	2.13	0.64	1	3
	40대	6	1.83	0.75	1	3
	50대	3	2.67	0.58	2	3
성별	남	26	2.19	0.69	1	3
	여	24	2.21	0.59	1	3
학력	고교 재학	8	2.50	0.76	1	3
	고졸	9	1.89	0.60	1	3
	대졸	21	2.29	0.56	1	3
	석사졸	8	2.25	0.46	2	3
	석사 이상	4	1.75	0.96	1	3
결혼여부	결혼	11	2.09	0.70	1	3
	결혼 이외	39	2.23	0.63	1	3
아이의 수	1명	6	2.17	0.75	1	3
	2명	6	2.00	0.89	1	3
지역	도시	44	2.20	0.63	1	3
	도시 이외	6	2.17	0.75	1	3
전체		50	2.20	0.64	1	3

주 : 휴대폰 사용정도
　　제한적 사용　　　　　 : 1점
　　일반적 사용　　　　　 : 2점
　　자주 사용　　　　　　 : 3점

별표 9 이메일 사용정도 평균(1~5점 척도)

		관측값	평균	표준오차	최소	최대
연령	10대	8	1.13	0.35	1	2
	20대	18	3.61	1.46	1	5
	30대	15	3.20	1.37	1	5
	40대	6	3.17	2.04	1	5
	50대	3	3.33	2.08	1	5
성별	남	26	3.19	1.63	1	5
	여	24	2.83	1.63	1	5
학력	고교 재학	8	1.13	0.35	1	2
	고졸	9	2.89	1.62	1	5
	대졸	21	3.38	1.50	1	5
	석사졸	8	3.38	1.60	1	5
	석사 이상	4	4.50	1.00	3	5
결혼여부	결혼	11	4.00	1.41	1	5
	결혼 이외	39	2.74	1.58	1	5
아이의 수	1명	6	4.83	0.41	4	5
	2명	6	2.33	1.75	1	5
지역	도시	44	2.82	1.62	1	5
	도시 이외	6	4.50	0.55	4	5
전체		50	3.02	1.62	1	5

주 : 이메일 사용정도
　　1개월에 한 번 미만　　: 1점
　　최소 월 1회　　: 2점
　　최소 주 1회　　: 3점
　　일 1회　　: 4점
　　하루 여러 차례　　: 5점

별표 10 1일 평균 문자메시지 사용량 평균

(단위 : 건)

		관측값	평균	표준오차	최소	최대
연령	10대	8	14.39	9.69	3.62	35.57
	20대	18	12.37	16.80	3.31	73.28
	30대	15	10.08	5.01	3.12	18.58
	40대	6	10.93	10.79	1.30	28.44
	50대	3	4.39	1.85	2.97	6.49
성별	남	26	11.06	14.13	1.41	73.28
	여	24	11.68	8.51	1.30	35.57
학력	고교 재학	8	14.39	9.69	3.62	35.57
	고졸	9	5.64	2.06	3.63	9.60
	대졸	21	11.53	14.96	1.30	73.28
	석사졸	8	15.46	10.56	7.02	34.63
	석사 이상	4	9.04	7.83	1.41	18.58
결혼여부	결혼	11	10.42	8.24	1.30	28.44
	결혼 이외	39	11.62	12.53	3.12	73.28
아이의 수	1명	6	10.14	6.71	1.41	17.20
	2명	6	9.53	10.12	1.30	28.44
지역	도시	44	11.97	12.29	1.30	73.28
	도시 이외	6	6.88	2.30	4.03	10.42
전체		50	11.36	11.66	1.30	73.28

별표 11 인스턴트 메신저 사용정도(1~5점 척도)

		관측값	평균	표준오차	최소	최대
연령	10대	8	0.13 ·	0.35	0	1
	20대	18	1.39	1.65	0	4
	30대	15	2.40	1.68	0	4
	40대	6	0.67	0.82	0	2
	50대	3	1.33	1.53	0	3
성별	남	26	1.62	1.65	0	4
	여	24	1.17	1.55	0	4
학력	고교 재학	8	0.13	0.35	0	1
	고졸	9	0.67	1.32	0	4
	대졸	21	1.90	1.67	0	4
	석사졸	8	2.13	1.64	0	4
	석사 이상	4	1.50	1.73	0?	4
결혼여부	결혼	11	2.18	1.66	0	4
	결혼 이외	39	1.18	1.54	0	4
아이의 수	1	6	2.33	1.51	1	4
	2	6	0.50	0.84	0	2
지역	도시	44	1.50	1.68	0	4
	도시 이외	6	0.67	0.52	0	1
전체		50	1.40	1.60	0	4

주 : 인스턴트 메신저 사용정도
    1개월에 한 번 미만   : 1점
    최소 월 1회   : 2점
    최소 주 1회   : 3점
    일 1회   : 4점
    하루 여러 차례   : 5점

부록 2. 한국사회의 모바일 메신저 '카카오톡' : 개요

현대 한국사회에서 스마트폰은 전화라는 도구 이상으로 개인비서의 역할, 사회적 관계를 위한 역할, 감정적 역할 등 다양한 역할을 하고 있다_{박웅기, 2007}. 이런 상황에서 가장 큰 화두가 되고 있는 것은 스마트폰의 대중화에 의해 사람들 간 시공간의 제약이 급격히 사라지는 것이 사회적 관계를 비롯한 여러 측면에서 순기능을 하는가 혹은 역기능을 하는가의 문제일 것이다. 그리고 이러한 질문은 스마트폰을 기반으로 한 한국형 메신저, 카카오톡의 폭발적 보급으로 더욱 중요해졌다.

이 글은 카카오톡의 사용 현황과 기본적 특징을 소개하고, 사람들의 일상에서 어떠한 방식으로 수용되고 있는지 살펴보고자 한다. 카카오톡은 현재 SNS 서비스인 페이스북, 트위터보다는 개인적 연락수단으로 많이 쓰이며, 가상세계이지만 실생활과 가장 밀접하게 관련되어 항상 연결되어 있도록 유도하여 문자메시지 사용을 압도하는 특징을 보인다. 이제 아래와 같이 카카오톡 사용 실태와 폭발적인 수요에 대한 원인에 대해 탐색해 보고자 한다.

1. 카카오톡 이용 실태

현재 카카오톡 가입자는 대한민국 인구보다 훨씬 많은 1억 3천만 이상으로 집계되고 있으며 국내 모바일 메신저 시장에서 부동의 1위를 지키고 있다_{연합뉴스, 2014년 10월자}. 이는 카카오톡이 글로벌시장에 진출함에 따라 국내 사용을 넘어서 더 가파르게 가입률이 증가했기 때문이다. 카카오톡의 라이벌로는 네이버의 라인, 다음의 마이피플, 왓츠앱과 같은 모바일 메신저가 다수 존재한다. 그러나 네이버의 라인이 글로벌 시장 현지화 전략으로 전체 가입자 수에서 앞서고 있음에도, 국내 시장 전체 모바일 애플리케이션 부문에서는 카카오톡이 지속적인 1위를 보일 정도로 아직까지는 그 존재가 압도적이다. 다만, 최근 경찰의 카카오톡 사이버감찰 논란으로 모바일 공간의 프라이버시에 대한 논란이 이슈화되면서 해외에 서버를 둔 텔레그램 설치자가 약 200만 명 이상까지 증가하는 추세를 보였으나, 현재 다시 텔레그램 이용자 수가 감소하고 카카오톡 사용량은 정상적으로 증가세를 보이고 있다이투데이, 2014년 10월 28일.

이러한 수치는 한 사람당 여러 아이디를 가지고 있는 것을 감안하더라도 엄청난 숫자이며, 해외에도 국내 사용자 수를 넘어서는 카카오톡 이용자가 있는 것으로 보인다. 인터뷰를 통해 드러난 것을 보면 실제 대부분의 사람들은 핸드폰의 문자 서비스, 소위 SMSshort message service 사용량이 많지 않고 문자를 사용하는 경우는 매우 한정적인 것으로 드러났다. 본 연구를 위해 인터뷰한 50명의 대상자 중 가장 많이 문자를 주고받은 사람을 분석해 보면 신용카드 사용 후 받은 확인 문자이거나 스팸메시지 혹은 기타 알림 메시지인 경우가 가장 많고, 그 이외에는 네트워크 문제로 카톡을 사용하지 못해서 문자를 사용하거나 낯선 사람과 연락을 할 경우 등이었다.

이 점만 고려하더라도 기존의 문자메시지 영역이 상당 부분 카카오톡에 넘어갔다는 것을 알 수 있고, 최소한 한국의 맥락에서 기존의 문자 시스템은 개인의 사적 영역을 담당하는 채널에서 이미 많이 벗어나 있는 것으로 보인다. 더불어 기존 SMS의 사진 전송 등의 기능이 카카오톡에서는 사진뿐 아니라 오디오, 동영상 등 다양한 멀티미디어 파일 전송으로 확대되었다는 점, 그리고 이 모든 서비스가 스마트폰으로 인터넷 무선 연결망_{무료 와이파이}을 이용할 수 있는 곳이면 어디든 무료로 사용 가능하다는 점으로 인해 기존의 통신사 문자서비스는 갈 곳을 잃은 듯 보인다. 심지어 국내 사용자들 역시 해외 방문 시 가장 필요한 서비스가 무엇이냐고 물었을 때 대다수가 카카오톡이라고 답했는데, 이는 무료 와이파이가 되는 곳에서 카카오톡을 사용할 경우 다른 연락수단을 사용할 필요가 없기 때문이다.

"아무래도 사진이나 동영상 전송이 되다 보니까 좋은 음악이나 동영상 있으면 주변에 보내주고, 나는 공급책 같은 역할을 해요. 나는 이게(스마트폰) 너무 재밌어. (웃음) 친구들도 다 바꿨지. 바꾸면 내가 재밌는 것들 많이 보내주거든. 이것 없으면 연락하기도 답답하잖아."(50대, 여)

"나는 이게 있어서 무척 편해졌다고 봐요. 취미활동으로 아웃도어 활동(등산)을 많이 하는데, 이게 카톡이 있으니까 우리 동호회 사람들 다 초대해서 언제 어디서 모입시다 하면 바로 약속이 잡히거든. 일일이 누구한테 전화하면 번거롭고 또 다같이 이야기를 못하니까. 그럴 땐 없는 사람들은 따로 연락해야 돼서 바꾸라고 내가 자주 권하지. 또 일할 때도 아주 도움을 많이 받아. 내가 지금 하는 일이 홈페이지 작업 의뢰받아서 그래픽 작업을 주로 하다 보니까 클라이언트들에게 샘플을 사진으로 찍어서 카톡으로 보내죠. 문자보다 훨씬 빠르고 이메일을 거칠 필요도 없어서 자주 사용해요. 일이 훨씬 효율적이죠 이전에 비해."(50대, 남)

"문자보다는 카톡을 많이 써요. 일단 편하니까요. 친구들을 따로 등록할 필요도 없고, 전화번호부도 카톡에 있는 걸로 봐요. 연락처 찾기 오히려 편해서요. SNS는 페이스북을 가장 많이 사용해요. 그래도 카톡을 쓰는 건 다들 카톡은 하니까요. 페북이나 다른 메신저는 안 쓰는 사람들도 있고."(10대, 여)

그러나 무엇보다 카카오톡은 다른 메신저에 비해서 일상적인 연락채널로 더 폭넓게 사용되고 있었다. 무료라는 점 이외에도 더 많은 사용자를 유인하는 원인이 있었다. 바로 누구나 그곳카카오톡에 있다는 점이다. 카카오톡은 빠른 속도로 모바일 메신저 시장을 선점했고, 이로 인해 대다수의 사용자가 자신의 지인들이 가장 많이 사용하는 카카오톡을 선택하여 사용하게 되었다. 초반의 카카오톡은 수익성 모델이 거의 없는 형태였음에도 서버 증설과 시설 투자를 아끼지 않았다. 현재는 시장 선점효과를 바탕으로 게임, 광고, 모바일 쇼핑, 음원 서비스 등 다양한 수익구조를 창출하고 있고, 이는 더불어 지속적인 카카오톡 이용에 긍정적기여를 하고 있다.

2. 카카오톡, 무엇이 새로운가?

한국의 미니홈피, 즉 싸이월드 열풍은 국제적으로 유명세를 탔다. 마이크로 블로그, 즉 축소된 블로그 형태의 가상공간에 단편적인 게시글을 올리고, 아바타를 설정하고 각자의 미니룸을 꾸미고, 이웃들과 관계를 맺고 방문하는 일촌문화는 디지털 공간과 새로운 정체성의 측면에서 주목을 받았다Choi, 2006. 카카오톡은 어떤 의미에서 싸이월드의 진화된 버전으로 당시 문화적 특징의 상당 부분이 재현되고 있다.

싸이월드에서는 미니미아바타와 동일와 프로필 사진, 남김말이 있었다면 카카오톡 역시 아바타는 아니지만 프로필 사진과 상태 메시지를 통해 자신의 상태를 지속적으로 업데이트할 수 있다. 싸이월드 사용자가 사진과 글들을 올려 자신의 생활을 꾸준히 알렸다면, 카카오톡과 연동되어 있는 카카오스토리라는 소셜 네트워크 서비스에서 사용자는 자신의 개인적인 사진을 친구공개 혹은 전체 공개로 올리고, 이 사진들은 연동된 카카오톡 프로필을 클릭하면 앨범처럼 함께 공개된다. 프로필의 배경도 스스로 선택해서 바꿀 수 있어 일종의 커스터마이징 개념은 카카오톡에도 그대로 남아 있는 셈이다. 10대 참여자들은 특히 카카오톡 사용량이 굉장히 많고 이에 많은 시간을 소비하는 것으로 나타났는데, 이들은 싸이월드에서와 비슷하게 자신의 상태를 꾸준히 업데이트하면서 남에게 보여지는 자아에 대한 관리를 지속적으로 하고 있는 것으로 나타났다. 이는 '나르시시즘'으로 해석될 수 있는 전자미디어 시대의 사회심리 측면으로, 혹은 고프만의 연극하는 자아와 같이 일상의 퍼포먼스 개념이 디지털 공간으로 연장되었다고 볼 수도 있을 것이다.

> "하루에도 몇 번씩 카카오톡 프로필 사진을 바꿔요. 제 사진일 때도 있고 아니면 아이돌 사진일 때도 있고, 기분에 따라서 계속 바꿔요."(10대, 여)

> "연락할 수 없을 때나, 이럴 때 카톡에 (상태 메시지) 남겨두죠. 그럼 굳이 일일이 연락할 필요가 없어요. 다들 제 상태를 확인할 수 있고, 또 어차피 저한테 연락하거나 궁금해할 사람들은 대부분 나랑 친한 사람들일테니까요." (10대, 여)

그러나 카카오톡이 싸이월드의 판박이기만 한 것은 아니다. 싸이월드가 가져다줄 수 있는 자기 표현의 만족감을 더욱 편리하고 즉각적으로 구현하는 한편, 카카오톡 서비스는 싸이월드와 같은 자기 상태 표시, 방문, 앨범, 대화, 게시판 이용에서 벗어난 하나의 모바일 "소셜 플랫폼"으로 자리 잡고자 지속적으로 사업을 확장하고 있다. 소셜 플랫폼이라 함은 이용자가 가상공간의 인맥을 통해 다양한 서비스를 이용할 수 있는 기본 시스템이 제공되는 공간이라고 볼 수 있다. 사이버공간에 아바타를 설정하는 것에서 더 나아가, 이제는 가상세계에서 무엇을 함께 할 수 있고 같이 얼마나 즐거울 수 있는지가 더 중요해지고 있다. 카카오스토리SNS, 카카오아지트소수모임 전용 공간, 카카오 스타일쇼핑, 선물하기기프티콘, 플러스친구상업적 쿠폰 및 홍보, 카카오카드SMS나 이메일을 통한 카드전송, 카카오게임 등 이미 여러 영역으로 사업을 확장한 카카오톡은 사회적 활동과 여가를 모두 카카오톡을 통해 실현할 수 있도록 한다. 이제 카카오톡은 즐거운 만남의 장소, 놀이터, 쇼핑 공간이 되어 친구들과 함께 다양한 활동을 즐길 수 있는 공간이 되었다.

이를 방증하는 예로서, 카카오톡 게임이 대중적인 인기를 끌면서 이제는 모바일 게임을 혼자가 아니라 카카오톡 친구들과 서로 경쟁하면서 함께 즐기게 된 현상을 들 수 있다. 단순한 게임인 애니팡을 단숨에 앱스토어 다운 상위에 랭크시켜 한때 대한민국에 애니팡 열풍을 가져왔고, 이제는 그 뒤를 잇는 후속 게임들이 한 가지 게임에 질릴 틈도 없이 뒤이어 사용자를 기다리고 있다.

카카오톡은 다양한 잠재력을 이제 현실화시키고 있다. 카카오스토리를 통해 한국형 SNS서비스를 선보이고, 카카오톡과 연동되어 더 쉽게 자신의 친구들과 채팅이 아닌 게시글을 통해 일상생활을 나눌 수 있게 되었다. 뿐만 아니라 이제는 채팅 기능을 벗어나 쇼핑과 같은 상업서비스, 여가, 선물하기, 라이프 로그 남기기 등 인터넷을 통해 즐길 수 있는 대부분의 활동을 카카오톡을 통해 이용 가능하게 되어, 국민 메신저, 국민 연락수단으로 그리고 개개인의 모바일 소셜 플랫폼으로 자리 잡아가고 있다.

3. 카카오톡에 나타나는 이차적 구술성

이차적 구술성secondary orality은 강력한 참여를 유도하여 집단의식을 낳는다. 이차적 구술성이란 원래 옹Ong, 1979이 제시한 개념으로, 문자가 사용된 이후 입말이 글말의 영향을 받아 변화한 형태를 지칭한다Ong, 1979. 옹은 '쓰기' 활동을 통해 논리적이고 추상적인 사고가 가능해졌고, 이것이 기존의 구술성에 변화를 가져왔음을 이차적 구술성 개념으로 정리하고 있다. 문자가 여러 감각 중 시각에 의존한다면 구술성은 청각에 의존한다. 상대방의 말하기에 귀를 기울인다는 것, 그리고 동 시간대에 끊임없는 '대화'의 형태로 이어진다는 것은 청취자를 청중으로 만들고 더 나아가 하나의 집단으로 만들어 그 속에 사람들이 '참여'하게 하는 신비성이 있다.

향후 이러한 이차적 구술성의 의미는 가상공간에서 글쓰기가 구술적 성격을 보이는 것을 지칭하는 대로 확장되었다. 즉, 온라인과 모바일에서 사용되는 '전자말'은 입말과 글말의 특징이 혼종적으로 나타나 옹의 이차적 구술성의 논의와 일치하는 특성을 가진다. 전자말은 글말의 전통적인 문법체계와 논리흐름에 완전히 순응하기보다는 좀 더 구어와 같은speech-like 특성들이 문자언어에 반영되어 사용되고 있다. 카카오톡에 사용되는 언어는 문자로 작성되지만 대화와 같은 특성이 나타나는 구어적 특성, 즉 이차적 구술성이 나타나고 있는 전자말의 형태로 분류할 수 있다. 서적 등의 읽기 활동이 공동체 활동이 아닌 개인 활동에 한정되지만, 가상공간에서의 대화 참여는 '집단화'의 기능을 한다Ong, 1982.

이차적인 구술성의 시대에서 우리는 대화에 참여하면서, 개인이지만 타인과 '항상 연결된 존재connected being'로서 집단정신을 형성하게 된다. 가상세계에서 타인과 관계를 맺고 소통하며 정보를 얻기까지의 과정에 일종의 사회적 규범이 관여하게 되고, 개인은 이에 순응하며 집단의 일원으로 역할을 수행한다. 가족, 직장동료 그리고 취업준비 동기들 등 카카오톡 사용자들은 자신이 속한 다양한 공동체와 소통하기 위해 부지런히 메시지를 확인하고, 공통의 정보를 업데이트하며, 자신에게 온 연락에 빠르게 반응하고자 노력한다.

"평소에 휴대폰 자주 확인하는 편이에요. 문자나 뭐가 왔나, 보기도 하고, 카톡 들어가서 사람들 프로필 한번 쭉 보고 또 보다가 관심 가는 사진 있으면 클릭해서 또 들여다보고. 단체 카톡은 너무 많이 울려서 진동으로 해 놓지 않았는데 그러니까 더 자주 확인하게 되고, 자꾸 보게 돼요. 한참 동안 확인을 안 하면 (알림이) 잔뜩 와 있어요. 여기에 매여 있다는 걸 아는데 그래도 계속 확인하게 돼요. 또 단체 카톡 같은 경우는 취업 준비 때문에 정보도 얻어야 되고, 내가 여기 없으면 나만 정보를 못 얻을까봐 그런 불안감도 있구요. 저는 그게 제일 큰 것 같아요. 이제 다시 피처폰을 쓰고 싶어도 그럴 수가 없더라고요."(20대, 여)

"아무래도 단체 카톡이 제일 유용하죠. 제가 참여하는 모임이 쭉 있어요. 그럼 단체 카톡 만들어 놓고 거기서 다 약속 잡고 하는 거죠. 관리나 연락이 쉬워졌죠. 학교 모임, 친구들 모임, 가족 모임. 가족 모임 같은 경우에는 저도 아이가 있고 누나네 쪽이나 다들 애기 있으니까 서로 사진 보여주고 공유하고 또 부모님한테도 보여드리는 거죠. 계속 열어놓고 수시로 공유해요. 가족들끼리 모여서 찍은 사진을 서로 보내주기도 하고."(30대, 남)

"아무래도 하는 일이 PD이다 보니까 저는 잘 때도 연락을 안 받을 수가 없어요. 카톡으로는 수시로 연락이 오고, 후배들이 뭐 물어보면 대답도 해줘야

하고. 그래야 방송 일이 제대로 되니까. 그리고 당장 나부터도 상대방이 연락이 안 되면 답답하고, 연락은 제가 하는 일에선 생명이에요. 그러다 보니 카톡으로 항상 확인하고 일 관련해서 연락 오는 건 그때그때 처리하고 아무래도 이메일보다는 그때그때 확인 가능한 카톡을 쓰죠."(30대, 여)

카카오톡 대화는 개인의 라이프로그이자, 타인과 자신의 삶의 교차점이 기록되는 공간이다. 수많은 대화창에 초대되는 나의 모습은 그만큼 많은 사람들과 관계를 형성하고 있으며 연결되어 있음을 상징한다. 그리고 이러한 관계에서 멀어지고 소외되는 것은 결국 여러 차원에서의 고립을 뜻한다.

다양한 사회적 관계에서 단절됨은 어떤 의미에서 정보의 손실, 뒤떨어짐, 사회적 관계에서의 소외, 일상이나 일의 차질 등 기저의 불안한 감정들과 깊게 연관되어 있다. 취업을 준비하는 경우 정보를 얻을 수 없을까봐, 중장년층의 경우는 오래된 친구들과 더욱 소원해질까봐, 어린 친구들의 경우는 다른 모든 친구들이 들어가 있는 단체 카톡에서 소외되기가 싫어서 카카오톡을 통해 관련 집단과 연결되어 있으려 한다. 우리 사회에 개인주의가 발달해 가고 있다고는 하지만 여전히 공동체 중심의 사고와 문화가 남아 있는 한국의 경우에는 더욱 그러한 불안과 위기감이 공존한다. 어린 학생들의 경우 유행에 민감한 만큼, 더 어렸을 적부터 이를 직접적으로 느끼고 있고, 성인이 된 참여자들의 경우 첫 휴대폰 구매의 기억을 소수의 초기 채택자early adopter를 제외하고는 '모두들 가지고 있었기 때문에 본인도 필요했다'라고 일괄적인 답변을 하고 있었다.

"부모님이 일부러 안 사주는 친구들도 있죠. (스마트폰) 있는 애들끼리는 다른 애들이랑 스마트폰으로 게임도 바꿔서 하고 쉬는 시간에는 애니팡 같은 거 서로 점수 올리고 경쟁하고 하는데 걔네들이랑은 별로 할 얘기가 없어요. 그럼 아무래도 따로따로(스마트폰 사용자와 피처폰 사용자) 놀게 되기도 하고, 매점 같은 데 갈 때도 단체 카톡으로 보내는데 그 친구들은 빠지게 되죠. 따로 연락까지 하긴 귀찮고, 필요하면 (그 친구들이) 사야죠."(10대, 남)

즉 한국에서는 스마트폰 사용과 같은 빠른 매체의 습득이 사회적 유행을 따르고 사회에서 분리되지 않으려는 문제와 깊이 연관되어 있음을 볼 수 있다. 그러나 이러한 한국인들의 모바일 메신저 사용 방식에서 제기되는 프라이버시 문제와 피로감의 문제는 어떻게 바라볼 수 있을 것인가.

4. 카카오톡 사용과 피로

카카오톡은 사용자의 여러 인맥을 연결해 주는 가상공간으로서의 역할을 한다. 단순한 메신저가 아닌 개개인의 소통 플랫폼으로서 자리 잡을 정도의 파급력을 보였으며, 카카오톡 사용 자체에 의해 사용자들의 의사소통 방식이 크게 영향을 받고 있다. 이제 카카오톡은 이름과 식별 번호 같은 개인정보를 수집하는 것을 넘어서, 사생활은 물론 대화를 통해 드러나는 신념과 정체성까지 저장한다. 또한 다양한 서비스 연결의 허브라는 점에서 우리의 취향을 앞서 나가 고정시키는 역할을 하며 적극적으로 우리의 생활세계에 개입하고 있다. 또한, 최근의 '카카오톡 사찰' 논란은 우리의 가장 사적인 대화를 공권력에 의해 감시받을 수 있다는 두려움과 다음카카오에 대한 사람들의 불신이 더해져 텔레그램이라는 외산 메신저로 옮겨가는 현상을 낳기에 이르렀다. 카카오톡의 개인정보 수집이 과도한 수준이 아닌지 의심하는 것은 개인 수준이 아니라 인권위와 방송통신위원회에서의 제지 조치를 통해서도 우려가 표명된 바 있다서울경제, 2011년 10월 28일자.

흥미로운 점은, 인터뷰를 하면서 많은 사람들이 내세웠던 카카오톡의 편리함과 장점들이 개인정보 수집이나 지나친 사생활 노출이라는 측면에서 문제가 될 수 있음에도 불구하고, 외부의 시선에서 보자면 너무나 충실하고 의심 없이 서비스를 사용하고 있으며 문제점에 대한 인식을 대부분 가지고 있지 않다는 것이다. 빌렘 플루서는 『코뮤니콜로기』에서 기술적 상상Technoimagination을 언급하면서 인간이 코드화된 세계를 창조하고 타인들과 공존하며 타인을 통해 불사의 존재가 된다고 이야기한다. 그러나 불사의 삶을 통해 인간은 거꾸로 자신이 설계한 코드화된 세계에서 갇히는 지옥과 같은 상황이 올 수도 있음을 이야기한다.

카카오톡은 설치와 동시에 모든 연락처를 동기화하여 친구로 등록한다. 따로 사람들을 추가로 등록할 필요 없이 같은 스마트폰 사용자라면 모두 나의 카카오톡 친구가 된다. 따라서 원하지 않는 사람이 내 연락처를 가지고 있을 경우 역시 상대방에게 내가 친구로 등록될 수 있고 이로 인해 많은 불편과 어색한 상황을 유발하기도 한다.

"시사고발 프로그램을 많이 하다 보니까, 아무래도 불편한 사람들도 연락처에 많이 저장되어 있단 말이죠. 예를 들면 촬영하면서 연락처 저장해 놓은

○○○가 카톡에 뜨는 것 보고 아차 싶었어요. 그런데 그냥 차단하거나 지우면 되니까. 그 사람 말고도 많죠. 어떻게 일일이 다 관리하겠어요. 그냥 두는 거죠. 난 내가 필요한 사람한테만 연락하면 되니까. 그냥 이 시스템에 익숙해지는 거죠." (40대, 남)

가상공간에서 자동으로 내 연락처의 모두와 친구가 되어버리는 상황은 일단 우리의 프라이버시를 보호해 주지 못한다. 말 그대로 우리의 가상공간은 매우 허술한 보안 상태로 주변에 노출되어 있다. 단 한 번 연락했던 사람, 심지어 택배기사 아저씨도 나의 프로필을 보고 내 가상공간에 접속할 수 있다.

신기한 것은 많은 이들이 이러한 불편을 감수하고도 카톡을 사용하고 있으며, 때로 마주치는 불편한 감정 속에서도 이러한 피로를 당연하게 받아들이고 있다는 점이다. 프로필을 관리해야 하는 피곤함, 상대방이 나의 메시지 수신 여부를 확인할 수 있기 때문에 수신자가 아닌 발신자가 대화를 통제할 수 있게 되는 긴장감 등, 카카오톡이라는 새로운 매체 자체로 인해 수많은 새로운 규칙이 우리에게 적응을 요구한다.

이와 같이 양면적 측면들에 카카오톡 사용자들이 의도적으로 무심하게 된 배경, 혹은 이를 감수하고도 카카오톡 사용을 하게 되는 요인 등에 대해 이 책의 본문은 탐색하려 한다. 최근 다양한 모바일 애플리케이션에 대한 연구들이 활발히 진행되고 있지만 대부분 경영학적 측면에서 수익성 연구가 주를 이루며, 카카오톡 연구 역시 다른 모바일 플랫폼에 비해 카카오톡이 선호되는 이유를 집중적으로 분석하고 있어 김진욱 외, 2012 온라인 혹은 모바일 시장 내 전략 분석에 치중한 것으로 보인다. 이 책은 카카오톡이나 모바일 메신저를 직접 연구대상으로 다루지 않더라도 통신매체 사용의 사회문화적 맥락을 읽어 내는 연구들_{김현주, 2000; 박웅}김현주, 2000; 박웅기, 2007; 배영, 2012의 확장으로 보는 것이 더 타당할 것이다.

5. 개인주의 속 공동체 구성의 수단, 카카오톡

카카오톡 열풍은 결국 스마트폰의 빠른 확산이라는 기술적인 변화와, 개인주의 강화에 따른 사회적 연결 약화로 인한 한국 공동체 문화 내에서의 새로운 소통 수단의 필요라는 두 가지의 요소가 연결됨으로써 생긴 현상으로 볼 수 있다. 그런데 방송통신위의 2012년 조사에 따르면 '주변에서의 압력'이라는 사회적 요인이 스마트폰이나 태블릿 PC를 사용하게 만드는 가장 큰 이유로 드러나, 스마트폰의 빠른 확산도 기술적인 요인만으로 설명할 수는 없다. 이 조사결과는 한국 내에 아직 강하게 남아 있는 공동체 문화의 영향으로, 연락매체 사용에 있어서도 타인에게서 소외되지 않고자 유행을 좇는 측면이 있음을 암시한다. 공동체는 사람들에게 사회적 상호작용을 통해 다른 사람과 자신의 행위를 이해하고 행위에 의미를 부여하며, 이를 통해 공동체의 문화를 창출하고 재생산할 수 있는 기회를 제공한다는 기어츠Geertz, 1975의 주장은 카카오톡 속의 세상에서도 유효한 것으로 보인다.

물론 이러한 카카오톡 공동체에 속한다는 것은 이에 따른 구속력이나 피로감을 동반할 수 있고, 그러한 구속력과 피로감은 기존 공동체의 그것과는 다른 방식으로 우리의 삶에 개입한다. 그러나 카카오톡 사용자들이 이러한 새로운 개입에 무비판적으로 노출되어 있거나 무의식적 도취에 빠져 있다고 단정지을 수는 없다. 개인정보 유출이나 생활을 방해하는 산만함의 문제 등에서 그 감각이 무뎌진 것은 사실이나, 사용자들이 카카오톡의 상업화 문제 등과 더불어 이러한 문제에 대해 인지하고 있으며, 나름 문제를 최소화하기 위한 사용방식을 확립해 가기도 한다.

분명한 것은 모바일 기반 메신저인 카카오톡이 사회 구성원 간 연결과 유대에 미치는 영향은 장단점 모두 기존 온라인 기반 소셜 미디어의 영향을 심화시키는 방향과는 다르다는 점이다. 예를 들어 그라노베터가 말한 강한 연결이 아닌 약한 연결weak ties의 장점Granovetter, 1973이 면대면 관계보다 온라인 소셜 미디어를 통한 관계에서 잘 나타나는 것은 사실이다. 온라인 관계를 통해 모르는 익명의 타인들과 자유롭게 약한 관계를 맺고 다양한 정보를 얻을 수 있기 때문이다. 반면 카카오톡의 경우는 대부분 오프라인 생활에서 이미 알고 있는 사람들과 그룹채팅 등을 통해 계속해서 연락을 이어 나가는 등 유대를 강화하기 위한 목적으로 많이 쓰인다. 모르는 이와 채팅을 한다거나 트위터와 같이 비대면 관계의 팔로워들과 익명적 인간관계를 확장하지 않는다. 즉, 약한 관계를 새로 맺기보다는 기존의 약한 관계를 유지하거나 강화하는 소통이 이루어진다. 페이스북과 같은 SNS 플랫폼 역시 프로필을 기반으로 이미 알고 있는 지인들과의 소통을 활성화시키기는 하지만, 이 책의 본문에서 살펴보듯이 카카오톡은 사용자를 소규모의 여러 공동체에 중첩적으로 속하게 하는 특징이 있다.

이러한 특징의 카카오톡을 많은 이들이 불편함을 감수하고 사용하는 이유는 면대면 세계의 강한 구속으로부터 벗어나 독립된 온라인 세계, 가상세계에서의 유연한 소통을 원하고 있을 뿐 아니라, 실제세계에서의 고립과 소외에서 벗어나 공동체에 복귀할 수 있는 또 다른 채널을 필요로 하기 때문일 수 있다. 다만 위에서 논의한 바와 같이 개인정보 침해나 피로감 문제, 집단 문화에 의해 개인의 선택 등이 크게 존중되기 보다는 다수의 선택으로 대화의 채널까지 조절되어야 하는 역설적 구속력 등에 대해서는 고민해야 할 것이다. 더 근본적으로는 이러한 소통 플랫폼을 통해 야기되는 우리 사회 공동체의 변화와 우리의 정체성의 변화가 탐구되어야 할 것이다.

참고문헌

김진욱 · 류가영 · 배기영 · 황나영 · 김효선. 2012. "사용자는 왜 특정 모바일 인스턴트 메신저를 사용하는가?" 한국HCI학회.

김현주. 2000. "전화의 사회문화적 영향에 관한 연구." 한국언론학회.

박웅기. 2007. "디지털 시대의 일상생활과 전화문화의 변화." 한국언론 정보학회.

박인철. 2001. "후설의 의사 소통 이론-역사적 제약과 선험적 보편성." 『철학과 현상학 연구』. 한국현상학회 제17집: 168-201.

방송통신위원회. 2012. "스마트미디어 서비스 이용실태 조사." 방송통신정책 연구 11-진흥-마-04.

배영. 2012. "SNS의 사회적 의미와 일상 변화-라이프로그와 교류특성, 그리고 새로운 위험을 중심으로." 한국사회학회 · 서강대 사회과학연구소 2012 학술심포지움.

백욱인. 2012. "모바일 소셜 네트워크 서비스와 사회운동의 변화-대안 공론장과 네트워크 포퓰리즘." 『동향과 전망』. 봄호(통권 84호): 130-159.

신호철. 2005. "인터넷 통신언어의 외계어에 대한 고찰." 『국제어문』 34집.

이인희. 2001. "대학생 집단의 휴대폰 이용 동기에 관한 연구." 『한국방송학보』.

이재민 · 강정한. 2011. "지식생산의 구조와 이론사회학의 위상: 『사회와이론』의 키워드 네트워크 분석 2004~2010." 『사회와이론』 19(11월):

89-144.

임규홍. 2000. "컴퓨터 통신 언어에 대하여."『배달말』27. 배달말학회.

임종수. 2011. "현실-가상세계 컨버전스 시대의 삶의 양식."『사이버커뮤니케이션 학보』28(2), 53-98. 사이버커뮤니케이션학회.

장덕진. 2011. "트위터 공간의 한국 정치-정치인 네트워크와 유권자 네트워크."『언론정보연구』48(2): 80-107.

한동완. 2003. "언어매체적 특성으로 본 인터넷 통신언어."『어문연구』31-32.

Androutsopoulos, Jannis. 2006. "Introduction: Sociolinguistics and Computer-Mediated Communication." *Journal of Sociolinguistics* 10/4.

Bakardjieva, M. 2003. "Virtual Togetherness: an Everyday Perspective." *Media, Culture and Society* 25: 291-313.

Baron, Naomi. 2008. *Always On: Language in an Online and Mobile World.* Oxford University Press, USA.

Bauman, Zygmunt. 2000. 이일수(역). 2009.『액체근대』. 강.

Bijker, W.E., and J. Law. 1992. "General Introduction" in Shaping Technology/Building Society: Studies in Sociotechnical Change, edtied by Bijker, W.E. and J. Law, Cambridge, MA: MIT Press.

Boyd, danah. 2007. "Why Youth (heart) Social Network Sites: The Role of Networked Publics in Teenage Social Life." Berkman Center Research Publication : 1-6.

Boullier, Dominique. Habitele: Mobile Technologies Reshaping Urban Life URBE, v.6 n.1 Jan./Abr. 2014, pp.13-16.

Boullier, Dominique and Maxime Crepel. Vélib and Data: a New Way of Inhabiting the City, URBE, v.6 n.1 Jan./Abr. 2014, pp.47-56.

Burnet, J., 1910. 조대호(역해). 2008. 『파이드로스』. 문예출판사.

Castells, Manuel. 2009. 박행웅(역). 2009. 『네트워크 사회』. 한울아카데미.

Chayko, Mary. 2008. *Portable Communities: The Social Dynamics of Online and Mobile Connectedness.* Suny Press.

Choi, J. H. 2006. Living in Cyworld: Contextualising Cy-Ties in South Korea. Uses of blogs. In Bruns, Axel and Joanne Jacobs(Eds.) Uses of Blogs. Peter Lang, New York : 173-186.

Cody, W. F., J. T. Kreulen, V. Krishna, and W. S. Spangler. 2002. "The Integration of Business Intelligence and Knowledge Management." *IBM Systems Journal* 41(4).

Cottrells, W. F. 1945. "Death by Dieselization: A Case Study in the Reaction to Technological Change." *American Sociological Review.*

Couldry, N. 2004. "Theorising Media as Practice." *Social Semiotics* 14(2): 115-132.

Cummings, J. N., B. Butler, and R. Kraut, 2002. "The Quality of Online Social Relationships." *Communications of the ACM* 45(7): 103-108.

Crystal, David. 2001. *Language and the Internet.* Cambridge University Press.

Douglas, Mary. 1970. *Natural Symbols.* Routledge.

_____. 2007. *A History of Grid and Group Cultural Theory.* Toronto, Canada: University of Toronto(http://projects. chass.

utoronto. ca/semiotics/cyber/douglas1. pdf.).

Durkheim, Emile. 1893. *The Division of Labor in Society.* Free Press(Reprint edition).

Fischer, Claude S. 2001. "Bowling Alone: What's the Score?" Presented in Meetings of the American Sociological Association, Anaheim, California.

Flusser, Vilém. 1996. 김성재(역). 2001. 『코무니콜로기』. 커뮤니케이션 북스.

Fusani, David S. 1994. ""Extra Class" Communication: Frequency, Immediacy, Self Disclosure, and Satisfaction in Student Faculty Interaction Outside the Classroom." *Journal of Applied Communication Research.* 232-255.

Gane, Nicholas. 2005. "Radical Post-Humanism Friedrich Kittler and the Primacy of Technology." *Theory, Culture & Society* 22(3): 25-41.

Geertz, Clifford. 1975. *The Intepretation of Cultures.* London.

Gibsen, J.J. 1979. The Ecological Approach to Visual Perception. New York: Houghton Miflin.

Giddens, Anthony. 1994. "Risk, Trust, Reflexivity." In *Reflexive Modernization.* ed. U. Beck *et al.* Polity.

Goffman, Erving. 1959. *The Presentation of Self in Everyday Life.* Doubleday.

Golder, Scott A., Dennis M. Wilkinson, and Bernardo A. Huberman. 2007. "Rhythms of Social Interaction: Messaging within a Massive Online Network." *Communities and Technologies 2007.* Springer London: 41-66.

Goody, Jack. 1977. 김성균(역). 2009. 『야생정신 길들이기』. 푸른역사.

Granovetter, Mark S. 1973. "The Strength of Weak Ties." *American Journal of Sociology* 78(6): 1360-1380.

Hale, S. 1995. *Controversies in Sociology: A Canadian Introduction.* 2nd ed. C.C. Pitman, Toronto, Ontario, Canada.

Hampton, Keith N. 2001. *Living the Wired Life in the Wired Suburb.* Netville, Glocalization and Civil Society.

Harbermas, Jurgen. 1989. *The Structural Transformation of the Public Sphere.* Translation MIT. Cambridge, Massachusetts.

Haythornthwaite, C., and L. Kendall. 2010. "Internet and Community." *American Behavioral Scientist.*

Henderson, Sheila, Rebecca Taylor, and Rachel Thomson. 2007. "In Touch: Young People, Communication and Technologies." *Information, Communication & Society* 5(4).

Herring, Susan C. 2004. "Online Communication: Through the Lens of Discourse." *Internet Research Annual* 1: 65-76.

Horst, Heather, and Daniel Miller. 2006. *The Cell Phone: An Anthropology of Communication.* Palgrave Macmillan.

Husserl, Edmund. 1976. *Ideen Zu Einer Reinen Phänomenologie und Phänomenologischen Philosophie.* Erstes Buch: Allgemeine Einführung in die reine Phänomenologie.

James, Ian. 2007. 홍영경(역). 2013. 『속도의 사상가 폴 비릴리오』. 앨피.

Jansen, Bernard J., Mimi Zhang, Kate Sobel, and Abdur Chowdury. 2009. "Twitter Power: Tweets as Electronic Word of Mouth." *Journal of the American Society for Information Science and Technology* 60(11): 2169-2188, November.

Kahai, Surinder S., and Randolph B. Cooper. 2003. "Exploring the Core Concepts of Media Richness Theory: The Impact of Cue Multiplicity and Feedback Immediacy on Decision Quality." *Journal of Management Information Systems* (20)1: 263-300.

Kayahara, Jennifer. 2006. *Community and Communication: A Rounded Perspective*. In Purcell, Patrick(ed.) Networked Neighbourhoods: The Connected Community in Context. Springer.

Kittler, Friedrich. 1990. *Discourse Networks 1800/1900*. Stanford, CA: Stanford University Press.

Kittler, Friedrich. 1999. *Gramophone, Film, Typewriter*. Stanford University Press.

Knorr-Cetina, Karin, and Urs Bruegger. 2002. "Global Microstructures: The Virtual Societies of Financial Markets." *American Journal of Sociology*.

Latour, Bruno *et al*. 2010. 홍성욱(역). 『인간 · 사물 · 동맹』. 이음.

Ling, Richard. 2004. *The Mobile Connection*. Morgan Kaufmann.

_____. 2008. *New Tech New Ties*. MIT Press.

_____. 2009. "Portable Communities: The Social Dynamics of Online and Mobile Connectedness by Mary Chayko: Review by Richard Ling." *American Journal of Sociology* 115(3): 948-950.

Ling, Rich and Naomi Baron. 2007. "Text Messaging and IM Linguistic Comparison of American College Data." *Journal of Language and Social Psychology* 26(3).

Mumford, L. 1963. *Techniques and Civilization*. San Diago: Harvest.

_____. 1972. "Technics and the Nature of Man." *Technology and Culture*. New American Library.

Nasukawa, Tetsuya, Yamato-shi, Kanagawa-ken, and Jeonghee Yi. 2003. "Sentiment Analysis: Capturing Favorability Using Natural Language Processing Proceeding." IBM Research Japan. K-CAP '03 Proceedings of the 2nd International Conference on Knowledge Capture pp.70~77.

Norman, D. 1990. *The Design of Everyday Things*. New York: Doubleday.

Obadare, Ebeneze, 2006. "Playing Politics with the Mobile Phone in Nigeria: Civil Society, Big Business & the State." *Review of African Political Economy*.

Ong, Walter J. 1979. "Literacy and Orality in Our Times." Modern Language Association pp. 1-7.

_____. 1982. 이기우·임명진(역). 2010. 『구술문화와 문자문화 (Orality and Literacy)』. 문예출판사

Panteli, N. 2009. "Virtual Social Networks: Mediated, Massive and Multiplayer Sites." Palgrave Macmillan.

Preece, Jenny, and Diane Maloney-krichmar. 2005. "Online Communities: Design, Theory and Practice." *Journal of Computer-Mediated Communication* 10(4).

Rainie, Lee, and Barry Wellman. 2012. *Networked: The New Social Operating System*. The MIT Press.

Rice, Ronald E., and James E. Katz. 2003. "Comparing Internet and Mobile Phone Usage: Digital Divides of Usage, Adoption, and

Dropouts." *Telecommunications Policy* 27(8): 597-623.

Richard Ling. 2004. *The Mobile Connection.* Morgan Kaufmann.

_____. 2008. *New Tech New Ties.* MIT Press.

Sennett, Richard. 2012. 김병화(역). 2013. 『투게더: 다른사람들과 함께 살아가기』. 현암사.

Schutz, Alfred. 1964. *Collected Papers II: Studies in Social Theory.* edited and introduced by Arvid Broodersen. The Hague: Nijhoff.

Tönnies, Ferdinand. 1887(2011). *Community and Society.* Dover Publications.

Tu, Chih-Hsiung, and Marina McIsaac. 2002. "The Relationship of Social Presence and Interaction in Online Classes." *The American Journal of Distance Education* 16(3): 131-150.

Virilio, Paul. 1977. 이재원(역). 2004. 『속도와 정치』. 그린비.

Walther, Joseph B., and Judee K. Burgoon. 1992. "Relational Communication in Computer Mediated Interaction." *Human Communication Research* 19(1): 50-88.

Wang, Hua, and Barry Wellman. 2010. "Social Connectivity in America: Changes in Adult Friendship Network Size from 2002 to 2007." *American Behavioral Scientist* 53(8): 1148-1169.

Wellman, Barry, Jeffrey Boase, and Wenhong Chen. 2002, "The Networked Nature Of Community: Online and Offline." *IT&Society* 1(1): 151-165.

참고사이트

블로터닷넷, 2013년 9월 5일자, "[그래픽] 대한민국 카카오톡 24시"
http://www.bloter.net/archives/163220

서울경제, 2011년 10월 28일자, "인권위, '카카오톡' 개인정보 수집에 제동"
http://economy.hankooki.com/lpage/it/201110/e201110281648281177
20.htm

연합뉴스, 2013년 6월 25일자, "한국, 작년 스마트폰 보급률 세계 첫1위…
67.6%"
http://news.naver.com/main/read.nhn?mode=LSD&mid=sec&sid1=10
5&oid=001&aid=0006333892

일요서울, 2014년 10월 13일자, [인물탐구] 이석우 다음카카오 공동대표 사
무실 없는 대표님 "새로운 IT세상 열겠다"
http://www.ilyoseoul.co.kr/news/articleView.html?idxno=101708

연합뉴스, 2012년 9월 14일자, "카카오톡도 6천만…라인 · 카톡 경쟁 '후
끈'"
http://news.naver.com/main/read.nhn?mode=LSD&mid=sec&sid1=10
5&oid=001&aid=0005815350

이투데이, 2014년 10월 28일자, "'사이버 망명' 끝? 텔레그램 가입자 ↓, 카
카오톡 ↑"
http://www.etoday.co.kr/news/section/newsview.php?idxno=1008302

Marketing Land, 2014년 5월 2일자, "Why Google Plus Will Not Die(But May Change)"

http://marketingland.com/google-plus-will-die-may-change-82377

찾아보기

영문 찾아보기

[저자 약력]

조연정

홍익대 영문과 졸업, 연세대학교 사회학과 석사, 시앙스포대학 미디어 랩의 국제 프로젝트 '아비텔(Habitèle. Wearable Digital Identity)' 에 2년간 참여한 후 해당 저서를 집필하였다.

강정한

서울대 수학과 졸업, 시카고대 사회학 박사, 코넬대 박사후 연구원을 거쳐 현재 연세대 사회학과 부교수로 재직 중이다. 그간 연구 논문들을 *Administrative Science Quarterly*, 한국사회학, 사이버커뮤니케이션학보, *Journal of Mathematical Sociology* 등에 게재해 왔으며 최근에는 소셜 미디어와 온라인 네트워크에 대한 연구를 진행 중이다.

카카오톡은 어떻게 공동체가 되었는가?

초판 1쇄 인쇄 | 2015년 2월 5일
초판 1쇄 발행 | 2015년 2월 10일

지은이 | 조연정 · 강정한
그림디자인 | 조성원
발행인 | 강희일 · 박은자
발행처 | 다산출판사
디자인 | 민하디지털아트 (02)3274-1333

주소 | 서울시 마포구 대흥로 6길 8 다산빌딩 402호
전화 | (02)717-3661
팩스 | (02)716-9945
이메일 | dasanpub@hanmail.net
홈페이지 | www.dasanbooks.co.kr
등록일 | 1979년 6월 5일
등록번호 | 제3-86호(윤)

ISBN 978-89-7110-476-7 93330
정가 12,000원